linhas cruzadas

Nesta colecção, cruzam-se os autores de maior sucesso dos nossos dias, com histórias que nos convidam a pensar melhor, sentir mais... e a sonhar, sempre. O melhor da ficção contemporânea – para ler a vida com outros olhos.

A próxima vez

Tradução de
Miguel Mascarenhas

Pergaminho
MARC LEVY
A próxima vez

A PRÓXIMA VEZ

Marc Levy

Traduzido de: *La prochaine fois*

Imagem da capa: «Phyleis», 1908, de John William Godward

1.ª edição, 2005
1.ª reimpressão, 2005

ISBN 972-711-732-5

Para o Louis.
Para a minha irmã Lorraine.

Jonathan,

Será que ainda te chamas assim? Compreendo hoje que havia tantas coisas que eu não sabia, e as medidas deste vazio que me rodeia desde que tu partiste não param de aumentar. Muitas vezes, quando a solidão ensombrava os meus dias, olhava o céu, e depois a terra, com a estranha impressão de que tu estavas ali, algures. E foi assim ao longo de todos estes anos, só que nós deixámos de nos ver e de nos escutar um ao outro.

Parece mesmo que poderíamos passar um ao lado do outro sem sequer nos reconhecermos.

Não parei de ler desde o dia da tua partida, fui a tantos lugares à tua procura, à procura de um meio de compreender, de um qualquer saber. E quanto mais as páginas da vida se iam virando, mais eu percebia que o conhecimento se afastava de mim, como nesses pesadelos em que cada passo para a frente nos faz recuar a mesma distância.

Percorri as galerias infindáveis das grandes bibliotecas, as ruas desta cidade que foi nossa, desta cidade onde partilhámos quase todas as nossas recordações desde a infância. Ontem caminhava ao longo dos cais, sobre a calçada do mercado ao ar livre de que tu tanto gostavas. Parei aqui e ali, parecia-me que tu me acompanhavas, e depois voltei àquele pequeno bar junto ao porto, como todas as sextas--feiras. Lembras-te? Quantas vezes não nos encontrámos ali ao fim do dia! Brincávamos a arrastar o outro em derivas de palavras que brotavam das nossas bocas como se fossem o eco de todas aquelas paixões que vivíamos juntos! E sem contar as horas falávamos desses quadros que animavam as nossas vidas e nos transportavam para outros tempos.

Meu Deus, como amámos a pintura, tu e eu! Folheio muitas vezes os livros que tu escreveste e encontro neles o teu estilo, os teus gostos.

Jonathan, não sei onde estás. Não sei se tudo o que vivemos tinha um sentido, se a verdade existe, mas se um dia encontrares este bilhete ficarás a saber que cumpri a minha promessa, aquela que te fiz.

Sei que quando estiveres diante da tela porás as mãos atrás das costas, franzirás um pouco os olhos como sempre fazes quando algo te surpreende, e depois sorrirás. Se, como o desejo, ela estiver ao teu lado, porás o teu braço sobre os seus ombros, olharão juntos essa maravilha que nós tivemos o privilégio de partilhar, e talvez, talvez te recordes. Então, se assim for, será a minha vez de te pedir uma coisa, pois não há dúvida de que me deves isso. Não ligues ao que acabo de escrever, na amizade não há dívidas. Eis, no entanto, o meu pedido:

Diz-lhe, diz-lhe que algures nesta terra, longe de vocês, do vosso tempo, percorri as mesmas ruas, ri contigo em redor das mesmas mesas, e, uma vez que as pedras permanecem, diz-lhe que cada uma daquelas sobre as quais pousámos as nossas mãos e os nossos olhares contém para todo o sempre uma parte da nossa história. Diz-lhe, Jonathan, que eu era teu amigo, que tu eras meu irmão, ou talvez ainda mais porque nos escolhemos, diz-lhe que nada pôde jamais separar-nos, nem mesmo a vossa partida tão repentina.

Não passou um único dia desde então sem que eu não pensasse em vocês dois, com a esperança de viver a vossa felicidade.

Agora sou um velho, Jonathan, e a hora da minha partida aproxima-se; mas graças a vocês dois sou um velho com o coração cheio de um raio de luz que o torna leve, tão leve... Amei! Conseguirão todos os homens partir com tal riqueza, com a riqueza de uma condição tão inestimável?

Algumas linhas mais e dobrarás esta carta, metê-la-ás silenciosamente no bolso do teu casaco, porás as mãos atrás das costas e sorrirás, como eu ao escrever-te estas últimas palavras. Também eu sorrio, Jonathan, nunca deixei de sorrir.

Desejo uma vida feliz aos dois.

O teu amigo, Peter

1

– Sou eu, estou a sair de Stapledon, estarei à porta de tua casa daqui a meia hora, espero que estejas aí... Porcaria de gravador! Estou quase a chegar.

Peter pousou o auscultador nervosamente, procurou as suas chaves nos bolsos, mas depois lembrou-se de que as tinha deixado no dia anterior com o arrumador dos carros. Olhou o relógio de pulso, o avião para Miami só levantava voo do aeroporto de Logan ao fim da tarde, mas, nestes tempos conturbados, as novas directivas de segurança obrigavam os passageiros a estarem no aeroporto pelo menos duas horas antes da partida. Fechou a porta do pequeno apartamento elegante que alugava ao ano numa residência do bairro financeiro e meteu-se pelo corredor com o chão coberto por uma espessa alcatifa. Carregou três vezes o botão de chamada do elevador, num gesto impaciente que, como sempre, não o fez chegar mais depressa. Dezoito andares mais abaixo, passou pelo senhor Jenkins, o porteiro do prédio, num passo apressado, e informou-o de que estaria de regresso no dia seguinte. Deixara junto da porta do seu apartamento o saco de roupa suja que a lavandaria ao lado do prédio devia mandar buscar. Jenkins meteu numa gaveta o caderno «Artes e Cultura», do *Boston Globe,* que estava a ler, anotou o pedido de Peter num registo de serviço, saiu de trás do balcão, ultrapassou-o e abriu-lhe a porta.

No átrio, abriu um grande guarda-chuva com a sigla do prédio e protegeu Peter da chuva fina que caía sobre a cidade.

– Pedi que trouxessem o seu carro – disse ele, olhando para o horizonte encoberto.

– É muita gentileza sua – respondeu Peter num tom seco.

– A senhora Beth, que mora no mesmo andar que o senhor Peter, está ausente neste momento, de modo que, quando vi que o elevador parava no seu andar, deduzi que...

– Eu sei quem é a senhora Beth, Jenkins!

O porteiro olhou o véu de nuvens cinzentas e brancas que se estendia sobre as suas cabeças.

– Um tempo desagradável, não é verdade? – prosseguiu ele.

Peter não respondeu. Detestava certas vantagens proporcionadas pelo facto de viver numa residência de luxo. Cada vez que passava diante do balcão de Jenkins, parecia-lhe que uma parte da sua intimidade era violada. Por trás do seu balcão em frente da porta giratória, o homem do registo controlava todas as idas e vindas dos moradores da residência. Peter estava convencido de que o porteiro acabaria por saber mais sobre os seus hábitos do que a maior parte dos seus amigos. Um dia em que estava de mau humor, tinha decidido ir pela escada de serviço até ao parque de estacionamento para deixar o edifício pela porta da garagem. Ao regressar, e quando passava altaneiro diante de Jenkins, este estendeu-lhe cortesmente uma chave. Peter ficou a olhar para ele, surpreendido, e ouviu-o dizer num tom neutro:

– Se o percurso inverso por acaso o interessar, esta chave ser-lhe-á muito útil. As portas de serviço dos andares estão trancadas por dentro, e com ela poderá resolver esse desagradável problema.

No elevador, Peter fizera questão de não deixar transparecer qualquer emoção, pois tinha a certeza de que Jenkins não perdia pitada da sua atitude, filmada pela câmara de vigilância. E quando seis meses depois tivera uma relação efémera com uma certa Thaly, uma jovem actriz muito em voga, surpreendeu-se a passar a noite num hotel, preferindo o anonimato do lugar à expressão deslumbrada do porteiro, cujo inalterável bom humor matinal o irritava em extremo.

– Creio que ouço o motor do seu carro, senhor Peter. Já não deve ter de esperar muito.

– Também reconhece os carros pelo ruído que fazem, Jenkins? – perguntou Peter num tom propositadamente impertinente.

– Oh! Não de todos, senhor, mas, tem de o admitir, as bielas do seu velho carro inglês têm um toque característico, uma espécie de «dadeedoo» que evoca o delicioso sotaque dos nossos primos do outro lado do Atlântico.

Peter franziu o sobrolho, furioso. Jenkins era homem para ter sonhado toda a sua vida com ser súbdito de Sua Majestade, uma distinção com uma certa elegância naquela cidade com tradições anglo-saxónicas. Os grandes faróis redondos do *Jaguar XK 140* descapotável surgiram na porta do parque de estacionamento. O arrumador parou-o sobre a linha branca traçada a meio do átrio.

– É mesmo, meu caro Jenkins? – exclamou Peter enquanto se dirigia para a porta que o arrumador mantinha atenciosamente aberta.

Com uma expressão fechada, Peter ocupou o seu lugar atrás do volante, fez o motor do velho carro inglês roncar algumas vezes e arrancou fazendo um pequeno gesto com a mão na direcção de Jenkins.

Verificou pelo espelho retrovisor que o porteiro, como era seu hábito, esperaria que ele tivesse feito a curva no fim da rua para se autorizar a reentrar no edifício.

– Velho safado! Nasceste em Chicago, toda a tua família nasceu em Chicago! – murmurou.

Ligou o telemóvel colocado num suporte e carregou no botão onde estava memorizado o número da casa de Jonathan. Aproximou-se do microfone preso à pala e berrou:

– Sei perfeitamente que estás em casa! Não imaginas como me irrita essa tua filtragem! Seja o que for que estejas a fazer, restam-te nove minutos. E nem te atrevas a não estar à porta de casa!

Inclinou o corpo para mudar a frequência do aparelho de rádio metido no porta-luvas. Ao endireitar-se, viu a uma distância ainda considerável uma mulher a atravessar a rua. Um olhar atento fê-lo tomar consciência de que ela caminhava ao ritmo desses passos que por vezes a idade impõe. Os pneus deixaram algumas marcas de borracha preta no asfalto. Quando o carro parou, Peter reabriu os olhos. A mulher continuava a atravessar a rua, pacificamente. Com as mãos ainda crispadas agarradas ao volante, Peter inspirou, depois soltou o cinto de segurança e precipitou-se para fora do carro, atrapalhando-se em desculpas e pegando no braço da velha senhora a fim de a ajudar a percorrer a meia dúzia de metros que a separavam do passeio.

Estendeu-lhe o seu cartão e pediu desculpa. Fazendo uso de todo o seu charme, jurou que o sentimento de culpa por lhe ter infligido um tal susto o perseguiria durante uma boa semana. A velha senhora tinha um ar muito espantado. Tranquilizou-o, agitando a sua bengala branca. Só o facto de não ouvir bem explicava o sobressalto que não conseguira reprimir quando ele lhe pegou galantemente no braço para a ajudar a atravessar a rua. Peter retirou com a ponta dos dedos um cabelo perdido sobre o impermeável da mulher e deixou-a ir à sua vida, retomando o curso da sua. Recompôs-se aos poucos ao sentir o cheiro familiar do velho couro que impregnava o interior do carro. Prosseguiu em marcha lenta em direcção à casa de Jonathan. Ao terceiro sinal luminoso, já estava a assobiar.

Jonathan subia as escadas da encantadora casa onde vivia, no bairro do velho porto. No último andar, a porta da escada dava acesso ao *atelier* envidraçado onde a sua companheira pintava. Anna Valton e ele tinham-se conhecido numa *vernissage*. Uma fundação que pertencia a uma rica e discreta coleccionadora da cidade mostrava o trabalho de Anna. Olhando os quadros expostos na galeria, parecera-lhe que a elegância de Anna se encontrava omnipresente na sua pintura. O seu estilo era o de um século ao qual ele havia consagrado a sua carreira de perito. As paisagens de Anna eram infinitas e, quando as comentou, Jonathan escolheu cuidadosamente as suas palavras. O sentimento de um profissional tão reputado como Jonathan tocou profundamente o coração da jovem, que expunha pela primeira vez as suas telas.

A partir desse momento, praticamente não se tinham separado, e na Primavera seguinte mudaram-se para aquela casa no velho porto, que Anna escolhera. A divisão onde ela passava a maior parte dos seus dias e algumas das suas noites tinha uma grande janela envidraçada. Às primeiras horas da manhã, a luz invadia-a, criando uma atmosfera repleta de magia. O enorme soalho de madeira estendia-se da parede em tijolos até à grande janela. Quando abandonava os seus pincéis, Anna gostava de ir fumar um cigarro sentada no parapeito de madeira, donde podia ver toda a baía. Qualquer que fosse o tempo, ela levantava as persianas que corriam facilmente nos cordões de cânhamo e aspirava o odor do tabaco misturado com os cheiros trazidos pelo mar.

O *Jaguar* de Peter estacionou junto ao passeio.

– Acho que o teu amigo chegou – disse Anna ao ouvir Jonathan atrás dela.

Ele aproximou-se e abraçou-a, mergulhando a cabeça na sombra do seu pescoço para lhe dar um beijo. Anna estremeceu.

– Vais fazer o Peter esperar!

Jonathan introduziu a mão no decote do vestido de algodão e fê-la deslizar sobre os seios de Anna. As buzinadelas redobraram, ela repeliu-o alegremente.

– Esta não é a melhor altura para a tua prova de afecto. Anda, vai lá à tua conferência, quanto mais depressa fores mais depressa estarás de volta.

Jonathan beijou-a de novo e afastou-se sem se virar. Assim que a porta da entrada se fechou, Anna acendeu outro cigarro. Quando o *Jaguar* arrancou, a mão de Peter apareceu por um instante fora da janela num gesto de saudação. Anna suspirou e voltou o olhar na direcção do velho porto, onde tantos emigrantes tinham outrora acostado.

– Porque é que nunca chegas à hora? – perguntou Peter.

– À tua hora?

– Não, à hora em que os aviões levantam voo, em que as pessoas marcam encontros para almoçar ou jantar, à hora que está nos relógios! Só que tu nem sequer usas um!

– Tu és um escravo do tempo, eu resisto.

– Saberás tu que, quando dizes algo do género ao teu psiquiatra, ele deixa de ouvir uma única palavra daquilo que lhe dizes a seguir? Ele pergunta a si próprio se graças a ti irá poder comprar o carro dos seus sonhos em versão *coupé* ou descapotável.

– Eu não tenho psiquiatra!

– Se calhar devias reconsiderar a hipótese. Como é que te sentes?

– E tu, o que é que te põe de tão bom humor?

– Leste o caderno «Artes e Cultura», do *Boston Globe*?

– Não – respondeu Jonathan, olhando pela janela.

– Até Jenkins o leu! Sou assassinado pela imprensa!

– Ah sim?

– Tu leste o artigo!

– Apenas um bocadinho – respondeu Jonathan.

– Um dia, na faculdade, perguntei-te se tinhas ou não dormido com a Kathy Miller, por quem eu estava apaixonado, e tu respondeste-me: «Só um bocadinho.» És capaz de me definir o que entendes por «um bocadinho»? Há vinte anos que me interrogo...

Peter deu uma pancada no volante e prosseguiu:

– Por acaso viste aquela aliciante manchete: «As últimas vendas do leiloeiro Peter Gwel são decepcionantes»? Quem é que bateu um recorde histórico não igualado há dez anos por um Seurat? Quem é que fez a melhor venda de um Renoir na última década? E a colecção de Bowen, com o seu Jongkind, o seu Monet, o seu Mary Cassatt e tantos outros? E quem foi um dos primeiros a defender Vuillard? E sabes bem qual é a sua cotação hoje em dia!

– Peter, martirizas-te sem razão, a tarefa da crítica é criticar, eis tudo.

– Tinha no meu gravador catorze mensagens que denotavam inquietação por parte dos meus sócios na Christie's, é isso que me magoa!

Peter parou no sinal vermelho e continuou a vociferar. Jonathan esperou alguns minutos e ligou o rádio. A voz de Louis Armstrong invadiu o interior do carro. Jonathan reparou numa caixa pousada no banco traseiro.

– O que é?

– Nada! – rosnou Peter.

Jonathan virou-se e começou a descrever o conteúdo da caixa, com uma grande gargalhada.

– Uma lâmina de barbear, três camisas rasgadas, dois pijamas desconjugados, um par de sapatos sem atacadores, tudo salpicado de *ketchup*... Estragaste isto?

Peter virou-se para atirar a caixa para o chão do carro.

– Nunca tiveste uma má semana? – exclamou Peter, aumentando o volume do rádio.

Jonathan sentiu aumentar o seu nervosismo por causa da conferência e disse-o ao amigo.

– Não há razão nenhuma para estares nervoso, não há qualquer hipótese de não te saíres bem!

– É exactamente esse género de consideração idiota que nos envia directamente contra o muro.

– Por falar nisso, apanhei cá um destes sustos – disse Peter.

– Quando?

– Ao sair de casa, há pouco.

O *Jaguar* arrancou quando o sinal passou para verde e Jonathan olhou para os antigos edifícios do velho porto a desfilarem pela janela. Apanharam a via rápida que conduzia ao aeroporto internacional de Logan.

– Como vai esse caro Jenkins? – perguntou Jonathan.

Peter estacionou o carro no lugar em frente da guarita do vigilante e enquanto Jonathan retirava o seu velho saco da mala deu-lhe discretamente uma nota. Subiram a ladeira em betão, ao som do eco dos seus próprios passos. Como sucedia sempre que apanhava um avião, Peter perdeu a paciência quando lhe pediram para tirar o cinto e os sapatos depois de ter feito soar por três vezes o alarme ao transpor a porta de segurança. Murmurou algumas palavras pouco amáveis e o funcionário da alfândega inspeccionou a sua bagagem até ao mais ínfimo pormenor. Jonathan fez-lhe sinal que o esperaria como de costume junto do quiosque dos jornais. Quando Peter se juntou a ele, estava mergulhado nas páginas de um livro de Milton Mezz Mezrow, uma antologia de *jazz*. Jonathan comprou o livro. O embarque fez-se sem problemas e o voo partiu à hora marcada. Jonathan recusou o tabuleiro-refeição que lhe propunham, baixou a persiana da pequena janela, acendeu a lâmpada de leitura e mergulhou nas notas da conferência que se preparava para dar daí a algumas horas. Peter folheou a revista da companhia, em seguida o prospecto sobre a segurança e finalmente o catálogo das compras a bordo, que já conhecia de cor e salteado. Depois começou a balançar-se no seu assento.

– Estás a aborrecer-te? – perguntou Jonathan sem levantar os olhos do documento que consultava.

– Estou a pensar!

– É o que eu dizia, estás a aborrecer-te.

– E tu, não?

– Estou a rever a minha conferência.

– Tu és possuído por esse tipo – replicou Peter, voltando a pegar no prospecto da segurança do 737.

– Apaixonado!

– Nesse nível de obsessão, meu caro, permito-me insistir na natureza possessiva da tua relação com esse pintor russo.

– Vladimir Radskin morreu no fim do século XIX, não tenho nenhuma relação com ele, mas sim com a sua obra.

Jonathan voltou a mergulhar na leitura depois de um curto momento de silêncio.

– Acabo de ter uma impressão de «déjà vu» – disse Peter carregando na ironia –, mas talvez seja por ser a centésima vez que temos esta conversa.

– Mas ouve lá, o que é que tu fazes neste avião se não tens o mesmo vírus que eu?

– Em primeiro lugar, acompanho-te; em segundo, fujo dos meus colegas traumatizados pelo artigo de um cretino no *Boston Globe*; e, em terceiro, aborreço-me.

Peter tirou uma caneta do bolso do casaco e traçou uma pequena cruz sobre o papel quadriculado onde Jonathan fazia as suas derradeiras anotações. Sem deixar de olhar a iconografia que estudava, Jonathan desenhou um círculo ao lado da cruz traçada por Peter. Imediatamente este traçou no quadrado ao lado outra cruz, e Jonathan o círculo seguinte na diagonal...

O voo pousou com dez minutos de avanço sobre o horário anunciado. Não tinham registado qualquer bagagem e um táxi conduziu-os ao hotel onde iam ficar. Peter olhou o seu relógio e anunciou que ainda dispunham de pelo menos uma hora, antes da conferência. Depois de se ter registado na recepção, Jonathan subiu ao quarto para se mudar. A porta fechou-se atrás dele silenciosamente. Depois de pousar o seu saco sobre a pequena secretária de mogno em frente da janela, pegou no telefone. Quando Anna respondeu, fechou os olhos e deixou-se guiar pela sua voz, como se estivesse junto dela no *atelier*. Todas as lâmpadas estavam apagadas. Anna apoiara-se no parapeito da janela. Acima dela, enquadradas pela grande vidraça, viam-se algumas estrelas cujo brilho resistia às luzes da cidade e se dispersava, como uma renda delicada sobre uma estola pálida. As brumas do mar vinham de encontro à antiga vidraça, feita de muitos vidros unidos por juntas de chumbo. Nos últimos tempos, desde que tinham decidido casar, Anna ia-se afastando de Jonathan, como se as engrenagens de uma frágil mecânica tivessem deixado de funcionar perfeitamente. Nas primeiras semanas, Jonathan interpretou a distância que ela punha entre eles como medo face ao compromisso de toda uma vida, apesar de ter sido ela quem mais desejara toda aquela celebração. A cidade onde viviam era tão conservadora como o meio artístico em que evoluíam. Depois de viverem dois anos juntos, era de bom tom tornar a relação oficial. Os rostos da sociedade bostoniana sugeriam-no um pouco mais a cada *cocktail*, a cada *vernissage*, a cada grande leilão.

Jonathan e Anna tinham cedido à pressão da sociedade mundana. A boa aparência do casal que formavam constituía igualmente uma garantia no que dizia respeito ao sucesso profissional de Jonathan. No outro extremo da linha telefónica, Anna mantinha-se silenciosa. Ele escutou a sua respiração e adivinhou os seus gestos. Os longos dedos da mão de Anna perdiam-se na sua farta cabeleira. Fechando os olhos, ele quase podia sentir a sua pele. Ao fim do dia, o seu perfume misturava-se com as essências de madeira que impregnavam cada canto do *atelier*. A conversa terminou com um longo silêncio; Jonathan pousou o auscultador e abriu os olhos. Pelas janelas do seu quarto podia ver um fluxo contínuo de carros estendendo-se numa longa fila vermelha. Um sentimento de solidão invadiu-o, como sempre que se encontrava longe de sua casa. Suspirou, perguntando a si mesmo porque é que aceitara fazer aquela conferência. As horas avançavam, ele desfez a sua bagagem de mão e escolheu uma camisa branca.

Jonathan inspirou antes de entrar no palco. Foi acolhido por aplausos e depois o público desvaneceu-se numa semiobscuridade. Colocou-se atrás de um púlpito equipado com uma lâmpada eléctrica de cobre que vigiaria o seu texto como um ponto; Jonathan dominava a sua exposição, sabia o seu discurso de cor. O primeiro quadro de Vladimir Radskin que apresentava nessa noite foi projectado nas suas costas num enorme ecrã. Tinha decidido fazer desfilar as telas do pintor russo por ordem cronológica inversa. Uma primeira série de cenas campestres inglesas ilustrava o trabalho que Radskin executara no fim de uma vida abreviada pela doença.

Radskin pintara as suas últimas obras no quarto, que o seu estado de saúde não permitia que deixasse. Aí morreu com sessenta e dois anos. Dois importantes retratos de Sir Edward Langton, um de pé e o outro atrás de uma secretária de mogno, representavam este reputado coleccionador e negociante de arte que fez de Vladimir Radskin seu protegido. Dez quadros procuravam traduzir com uma sensibilidade infinita a vida dos pobres nos bairros periféricos de Londres no fim do século XIX. Dezasseis outros completaram a apresentação de Jonathan. Embora ignorasse o período exacto em que os havia pintado, os seus temas remetiam para a juventude do pintor na Rússia. Seis das suas primeiras obras, todas elas encomendadas pelo próprio czar, mostravam personalidades da corte, e dez outras de total inspiração do jovem artista ilustravam a miséria da população. Estas cenas de rua estiveram na origem do exílio forçado de Radskin, que teve de deixar precipitadamente e para sempre a sua terra natal. Ao mesmo tempo que o czar lhe consagrava uma exposição na sua galeria pessoal no palácio de Ermitage, em São Petersburgo, Vladimir exibia outras pinturas suas que provocaram um escândalo. O imperador dedicou-lhe um ódio tão violento quanto súbito por ele ter pintado mais fielmente o sofrimento do seu povo do que a excelência do seu reino. Dizem que quando o conselheiro para os assuntos culturais lhe perguntara as razões de um tal comportamento, Vladimir respondera que, se o homem na sua busca de poder se alimentava da mentira, a sua pintura estava submetida à regra contrária.

A arte, nos seus momentos de fraqueza, podia no máximo embelezar. A miséria do povo russo era menos digna de ser representada do que o próprio czar? O conselheiro, que tinha estima pelo pintor, despediu-se dele com um gesto amargo. Abriu uma porta secreta que havia na grande biblioteca atulhada de preciosos manuscritos e convidou o jovem a fugir sem perda de tempo, antes que a polícia secreta o fosse prender. Já não podia fazer nada por ele. Depois de descer por uma escada tortuosa, Vladimir percorreu um longo corredor sombrio, que mais parecia um caminho conduzindo ao inferno. Guiando-se apenas com as mãos que esfolava nas paredes rugosas, dirigiu-se para a ala oeste do palácio, passando por subterrâneos onde tinha de se curvar e atravessando caves cujas pedras estavam encharcadas de humidade. Alguns velhos ratos eslavos que vagueavam em sentido inverso roçavam-lhe o rosto, mostrando demasiado perto o seu interesse por aquele intruso, que começavam a perseguir, mordendo-lhe os calcanhares.

Quando finalmente a noite caiu, Vladimir voltou à superfície e refugiou-se numa carroça, escondido sob o monte de palha destinado aos cavalos do imperador. Aí esperou o nascer do dia, na esperança de conseguir fugir durante a agitação matinal.

Todos os quadros de Vladimir foram apreendidos nessa mesma tarde, tendo ido depois alimentar o forno monumental de um grande banquete oferecido pelo conselheiro do czar. A festa durou quatro horas.

À meia-noite, os convivas precipitaram-se para as janelas a fim de se divertirem com o espectáculo que lhes era oferecido no pátio do palácio. Escondido na obscuridade da sua alcova, Vladimir assistiu a um assassinato. A sua mulher Clara, presa durante a tarde, foi arrastada por dois guardas até ao local do seu suplício. Assim que apareceu no pátio, os seus olhos não mais se desviaram das estrelas. Doze espingardas levantaram-se. Vladimir suplicou ao céu que o olhar dela se desviasse e cruzasse o seu por uma última vez, mas isso não sucedeu, apenas inspirou profundamente um segundo antes de as espingardas dispararem. As pernas dela cederam e o corpo ensanguentado caiu sobre a neve espessa e maculada. O eco do seu amor evadiu-se para lá da muralha do palácio e o silêncio instalou-se. À luz da dor que o sufocava, Vladimir descobriu que a vida era mais forte do que a sua arte. A junção perfeita de todas as cores do mundo não conseguiria pintar o seu sofrimento. Nessa noite, o vinho que corria abundante nas mesas iria para ele misturar-se com o sangue perdido do corpo de Clara, abandonado à morte. Riachos de um vermelho carmim fundiram o manto branco e desenharam epígrafes sobre as pedras nuas, as quais apontavam a sua cabeça sombria como se fossem estilhaços negros ao coração do pintor. Vladimir levou na sua memória uma das suas mais belas obras, que executou em Londres dez anos mais tarde. Ao longo dos anos de exílio foi reconstituindo os quadros do período russo que haviam sido destruídos, ainda que introduzindo algumas modificações, já que nunca mais Vladimir pintou um corpo ou um rosto feminino, nem nunca mais apareceu a mais ínfima mancha de vermelho na sua pintura.

O último diapositivo apagou-se no ecrã. Jonathan agradeceu ao público que aplaudia com entusiasmo a sua conferência. Os aplausos pareciam pesar nas suas costas, como se fossem fardos a atormentar a sua discrição. Curvou-se e acariciou a capa do seu dossiê, redesenhando com o dedo o contorno das letras que formavam o nome de Vladimir Radskin. «É a ti que eles aplaudem, meu caro», murmurou. Com o rosto um pouco corado, pegou no seu saco e saudou uma última vez a assistência com um gesto de mão desajeitado. Na sala, um homem levantou-se e interpelou-o. Jonathan apertou o saco contra o peito e virou-se de novo para o público. O homem apresentou-se com uma voz forte e clara.

– Frantz Jarvitch, da revista *Art and News*. Senhor Gardner, acha normal que nenhum quadro de Vladimir Radskin esteja exposto num grande museu? Pensa que os conservadores o menosprezam?

Jonathan aproximou-se do microfone para responder ao seu interlocutor.

– Consagrei uma grande parte da minha vida de perito a dar a conhecer o seu trabalho e a fazer tudo ao meu alcance para que ele seja reconhecido. Radskin é um grande pintor, mas, como muitos outros, foi ignorado na época em que viveu. Ele nunca procurou agradar, a sinceridade está no coração da sua obra. Vladimir esforçava-se por pintar a esperança, interessava-se por aquilo que há de verdadeiro no homem. E isso não lhe valia os favores da crítica.

Jonathan levantou a cabeça. O seu olhar pareceu ausentar-se subitamente, atraído por um outro lugar, por um outro tempo. Libertou-se do nervosismo que sentia e as palavras soltaram-se, como se o velho pintor tivesse voltado ao trabalho tendo como cavalete o seu próprio coração.

– Olhem os rostos que ele pintava, as luzes que compunha, a generosidade e a humildade das suas personagens. Nunca vemos uma mão fechada ou um olhar enganador.

A sala permaneceu silenciosa, uma mulher pôs-se de pé.

– Sylvie Leroy, do departamento técnico do Museu do Louvre. A lenda conta que nunca ninguém viu o último quadro de Vladimir Radskin, uma pintura que nunca foi encontrada. O que pensa disso?

– Não se trata de uma lenda. Numa das cartas da correspondência que trocava com Alexis Savrassov, Radskin escreve ter iniciado, mau grado a doença que o debilitava cada vez mais, o que ele afirma ser a sua mais bela obra. Quando Savrassov lhe pede notícias sobre a sua saúde e lhe pergunta em que fase está do seu trabalho, Vladimir responde: «Terminar este quadro é o único remédio ao meu alcance para lutar contra o terrível sofrimento que rasga as minhas entranhas.» Vladimir Radskin faleceu depois de ter terminado essa derradeira pintura. Este quadro desaparecerá misteriosamente durante um prestigioso leilão organizado em Londres, em 1868, um ano após a morte do pintor.

Jonathan explicou que essa tela, provavelmente de grandes dimensões, fora retirada no último minuto e que, por razões que desconhecia, nenhuma das pinturas de Vladimir Radskin encontrara comprador nesse dia. O pintor caiu no esquecimento durante muito tempo. Tratava-se de algo extremamente injusto, que desolava Jonathan e todos aqueles que consideravam Radskin um dos pintores mais importantes do seu século.

– A riqueza de um coração atiça com frequência a inveja ou o desprezo dos seus contemporâneos – prosseguiu Jonathan. – Certos homens só vêem a beleza naquilo que está morto. Mas hoje o tempo já não afecta Vladimir Radskin. A arte nasce do sentimento e é isso o que a torna intemporal, imortal. Não obstante, quase todo o seu trabalho está exposto em pequenos museus ou faz parte de algumas grandes colecções privadas.

– Diz-se que Radskin, no seu último quadro, teria desobedecido à proibição que havia imposto a si mesmo, e teria inventado um vermelho excepcional? – perguntou outra pessoa.

Toda a sala parecia esperar a resposta de Jonathan. Ele pôs as mãos atrás das costas, franziu os olhos e levantou a cabeça.

– Como acabei de vos dizer, o quadro em questão volatilizou-se repentinamente, antes mesmo de ser mostrado ao público. E até hoje não surgiu nenhuma pista sobre o seu paradeiro. Eu próprio o persigo desde que me iniciei nesta profissão. Apenas a correspondência trocada com Savrassov e alguns artigos da imprensa da época provam que existiu realmente. A prudência aconselha-nos a responder que toda a afirmação sobre o tema representado no quadro ou sobre a sua composição releva da lenda. Muito obrigado.

Jonathan recebeu uma nova série de aplausos e dirigiu-se num passo apressado para o extremo do palco, saindo pelos bastidores. Peter esperava-o, deu-lhe um abraço e felicitou-o.

Ao fim da tarde, as salas de conferências do Centro de Convenções de Miami esvaziavam-se dos quatro mil e seiscentos congressistas que acolhiam simultaneamente. A maré humana espraiava-se em vagas que investiam para os múltiplos bares e restaurantes do complexo. Com os seus cerca de 10 000 m^2, o James L. Knight Center estava ligado por uma esplanada a céu aberto ao hotel Hyatt Regency, que oferecia mais de seiscentos quartos.

Uma hora passara desde o fim da exposição de Jonathan. Peter não largara o seu telemóvel um só segundo e Jonathan sentara-se num tamborete, ao balcão. Pediu um Bloody Mary e desapertou o botão do colarinho da camisa. Ao fundo da sala, sob as luzes cor de cobre, um velho pianista tocava uma música de Charlie Haden. Jonathan observou o baixista que o acompanhava e que apertava o seu instrumento contra o corpo, murmurando-lhe cada uma das notas que o fazia tocar. Poucas pessoas lhes davam atenção, embora estivessem a tocar divinamente. Ao vê-los tocar, facilmente se imaginava que tinham percorrido um longo caminho juntos. Jonathan levantou-se para introduzir uma nota de dez dólares no copo de pé alto pousado sobre o *Steinway*. Em sinal de agradecimento, o contrabaixista fez com que uma das suas cordas emitisse um estalido seco. Quando Jonathan regressou ao bar, a nota tinha desaparecido do copo sem que uma única nota faltasse na partição que o duo executava. Uma mulher tinha ocupado o tamborete ao lado do seu. Cumprimentaram-se cortesmente. A cabeleira prateada da mulher fê-lo imediatamente pensar na sua mãe. Há uma idade em que a memória visual que guardamos dos nossos pais se cristaliza, como se o amor nos proibisse a lembrança de os termos visto envelhecer.

Ela viu na lapela do casaco de Jonathan o cartão de identificação que ele se esquecera de tirar, ficando assim a saber o seu nome e a sua qualidade de perito em pintura.

– Que época? – perguntou ela à guisa de bom-dia.

– Século XIX – respondeu Jonathan, erguendo o seu copo.

– Um período maravilhoso – retomou a mulher, bebendo um grande gole do *bourbon* que o barman acabara de lhe servir. – Consagrei-lhe uma grande parte dos meus estudos.

Intrigado, Jonathan inclinou-se para examinar por sua vez o cartão de identificação que ela usava em redor do pescoço e no qual se podia ler o tema do simpósio sobre ciências ocultas em que ela participava. Jonathan traiu a sua surpresa com um ligeiro sinal de cabeça.

– Você não é do género de ler o seu horóscopo, pois não? – perguntou a sua vizinha.

E, depois de beber outro gole, acrescentou:

– Pode ficar tranquilo, eu também não!

Fez rodar o seu tamborete e estendeu-lhe a mão, em cujo dedo anelar brilhava um singular diamante.

– Trata-se de uma lapidação antiga – retomou ela –, é bem mais impressionante do que o seu peso em quilates. É no entanto uma peça de família, e gosto particularmente dele. Sou professora e dirijo um laboratório de investigação na Universidade de Yale.

– E qual é o tema dos seus trabalhos?

– Uma síndrome.

– Uma nova doença?

Com um olhar malicioso, ela tranquilizou-o.

– A síndrome do *déjà vu*!

O tema intrigava Jonathan desde sempre. Essa impressão de já ter vivido aquilo que lhe estava a suceder não lhe era estranha.

– Ouvi dizer que é o nosso cérebro que antecipa o acontecimento futuro.

– É precisamente o oposto, trata-se de uma manifestação da memória.

– Mas se ainda não vivemos uma coisa, como podemos nós recordá-la?

– Quem lhe diz que não a viveu?

Ela começou a falar-lhe das vidas anteriores e Jonathan assumiu um ar quase trocista. A mulher afastou-se um pouco, como que a avaliá-lo.

– Você tem um belo olhar. Fuma?

– Não.

– Tinha quase a certeza disso, o fumo incomoda-o? – perguntou ela, tirando um maço de cigarros do bolso.

– Deixou de me incomodar – respondeu Jonathan.

Ele pegou numa carteira de fósforos pousada no balcão, acendeu um e estendeu o braço na sua direcção. O tabaco crepitou. A chama não demorou a extinguir-se.

– Ensina? – prosseguiu ele.

– Ainda me sucede encher alguns anfiteatros. E você, que não acredita em vidas anteriores, o que faz no século XIX?

Jonathan sentiu-se tocado num ponto sensível, reflectiu alguns instantes e inclinou-se um pouco para ficar mais perto dela.

– Tenho uma relação quase passional com um pintor que vivia nessa época.

Ela quebrou com os dentes o cubo de gelo que estava a chupar e desviou o olhar para as prateleiras cheias de garrafas.

– O que é que leva uma pessoa a interessar-se pelas vidas anteriores? – prosseguiu Jonathan.

– O facto de olharmos para o nosso relógio e ficarmos insatisfeitos com o que está marcado nele.

– Esse é um ponto de vista que tento desesperadamente fazer compreender ao meu melhor amigo. De resto, nunca ando com um!

A mulher fixou o olhar em Jonathan, o que o fez sentir-se pouco à vontade.

– Peço-lhe que me desculpe – continuou ele –, não estava a fazer troça de si.

– É pouco frequente, um homem que pede desculpa. O que faz exactamente no meio da pintura?

A cinza do cigarro inclinava-se perigosamente sobre o balcão. Jonathan colocou o cinzeiro debaixo do indicador amarelecido da sua interlocutora.

– Sou perito.

– Então, a sua profissão obriga-o a viajar?

– Demasiado.

A mulher dos cabelos prateados acariciou com o dedo o vidro do seu relógio.

– O tempo também viaja. Muda de um lugar para outro. Só no nosso país temos quatro horas diferentes.

– Já não aguento mais essas diferenças horárias, nem o meu estômago, aliás. Há semanas em que tomo o pequeno-almoço à hora do jantar.

– A percepção que temos do tempo é errónea. O tempo é uma dimensão repleta de partículas de energia. Cada espécie, cada indivíduo, cada átomo atravessa essa dimensão de uma maneira diferente. Talvez consiga provar um dia que é o tempo que contém o Universo e não o contrário.

Há tanto tempo que Jonathan não encontrava uma pessoa tão apaixonada por qualquer coisa que se deixou de bom grado arrastar pela conversa. A mulher prosseguiu o seu discurso.

– Também já pensámos que a Terra era plana e que era o Sol que girava à nossa volta. A maior parte dos homens contenta-se em acreditar naquilo que vê. Um dia compreenderemos que o tempo está em movimento, que gira como a Terra e não pára de se dilatar.

Jonathan estava perplexo. Para disfarçar a sua atrapalhação, começou a remexer nos bolsos do casaco. A mulher de cabelos brancos aproximou o seu rosto.

– Quando aceitarmos pôr em causa as teorias que inventámos, compreenderemos muito mais coisas sobre a duração relativa e real de uma vida.

– É isso o que ensina? – perguntou Jonathan recuando ligeiramente.

– Não precisa de fazer essa cara! E consegue imaginar a dos meus estudantes se eu lhes dispensasse hoje o fruto dos meus trabalhos? Ainda temos muito medo, não estamos preparados. E com a mesma ignorância dos nossos antepassados, qualificamos de paranormal ou de esotérico tudo aquilo que nos escapa e que perturba o nosso saber. Somos uma espécie apaixonada pela investigação, mas que tem medo de descobrir. Respondemos aos nossos medos com as nossas crenças, um pouco como aqueles antigos marinheiros que recusavam a ideia da viagem, convencidos de que afastados das suas certezas o mundo acabava num abismo sem fim.

– A minha profissão também tem os seus lados científicos. O tempo altera a pintura e torna muitas coisas invisíveis ao olhar. Não faz ideia das maravilhas que descobrimos quando restauramos uma tela.

A mulher agarrou-lhe de repente o braço e fixou-o com um ar grave. Subitamente, as suas pupilas azuis pareceram brilhar.

– Senhor Gardner, não compreende de todo o alcance do que digo. Mas não quero submergi-lo em palavras. Sou inesgotável, quando se aborda este tema.

Jonathan fez um sinal ao *barman* para que a servisse de novo. À sombra das suas pesadas pálpebras, o olhar da sua vizinha acompanhava o gesto do empregado. Ela seguia o movimento do líquido cor de âmbar que ondulava no copo de cristal. Agitou os cubos de gelo e bebeu-o de um trago. E como Jonathan parecia convidá-la a isso, ela prosseguiu:

– Ainda estamos à espera dos nossos novos exploradores, dos nossos passageiros do tempo. Bastará uma meia dúzia de Magalhães, Copérnicos e Galileus. Tratá-los-emos de heréticos, riremos deles, mas serão eles que abrirão as estradas do Universo que tornarão as nossas almas visíveis.

– É uma afirmação original para uma cientista, habitualmente as ciências e a espiritualidade não se dão bem.

– Liberte-se desses lugares-comuns! A crença é uma questão de religião, a espiritualidade nasce da nossa consciência, seja lá quem nós formos ou pensarmos que somos.

– Pensa realmente que depois da morte as nossas almas nos sobrevivem?

– O que é invisível ao olhar não deixa por isso de existir!

Ela falara de alma e Jonathan pensou na de um velho pintor russo que o habitava desde um domingo de chuva em que o seu pai o levara ao museu. Na grande sala com um imenso tecto, uma pintura de Vladimir Radskin arrebatara-o. A emoção que sentiu havia aberto de par em par as portas da sua adolescência e orientado para sempre o curso da sua vida.

A mulher olhou para ele, o azul dos seus olhos tornou-se negro, Jonathan sentiu que o estava a avaliar. Ela desviou o olhar para o seu copo.

– Aquilo que não pode reflectir a luz é transparente – disse ela com uma voz rouca –, o que não significa que não exista, e nós deixamos de poder ver a vida quando ela abandona o nosso corpo.

– Tenho de lhe confessar que me acontece muitas vezes também não a ver no interior de alguns de nós.

Ela esboçou um sorriso e manteve-se em silêncio.

– Mas tudo morre um dia – prosseguiu Jonathan um pouco embaraçado.

– Cada um de nós faz e desfaz a sua existência ao seu próprio ritmo. Nós não envelhecemos por causa do tempo que passa, mas sim em função da energia que consumimos e que apenas renovamos em parte.

– Acha que somos movidos por uma espécie de bateria, que usamos e recarregamos?

– Mais ou menos isso, sim.

Se o cartão de identificação dela não testemunhasse as suas qualidades científicas, Jonathan teria sem dúvida concluído que estava a falar com uma dessas marginais solitárias que frequentam os bares à procura de um confidente para as suas loucuras. Perplexo, fez de novo sinal ao *barman* para a servir. Ela recusou a oferta com um movimento de cabeça e o *barman* voltou a pousar a garrafa de *bourbon* sobre o balcão.

– Você pensa que uma alma vive várias vezes? – retomou Jonathan, aproximando o seu tamborete.

– Algumas, sim.

– Quando eu era criança, a minha avó dizia-me que as estrelas eram as almas daqueles que subiam ao céu.

– A luz de uma estrela não demora um certo tempo a chegar até nós, é o tempo que a conduz na nossa direcção. Compreender o que é verdadeiramente o tempo é dar-se os meios de fazer uma viagem na sua dimensão. Os nossos corpos são limitados por forças físicas que se lhes opõem, mas as nossas almas são livres.

– Seria maravilhoso imaginar que elas jamais morrem. Eu conheço a de um pintor...

– Não seja demasiado optimista, a maior parte das almas acaba por se apagar. Nós envelhecemos; as almas, quanto a elas, mudam de tamanho, à medida que vão memorizando.

– O que é que elas memorizam?

– A viagem que fazem pelo Universo! A luz que absorvem! O genoma da vida! É a mensagem que elas veiculam, desde o infinitamente pequeno até ao infinitamente grande, que todas sonham atingir. Nós vivemos num planeta ao qual poucos de nós deram a volta no decurso da sua vida, e só um pequeno número de almas conseguiu atingir o objectivo da sua viagem: percorrer o círculo completo da criação. As almas são ondas eléctricas. Elas são compostas por milhares de milhões de partículas, como tudo o que faz parte do nosso Universo. Tal como a estrela da sua avó, a alma teme a sua própria dispersão, para ela é tudo uma questão de energia. É por isso que necessita de um corpo terrestre, ela investe-o, regenera-se nele e prossegue o seu trajecto na dimensão do tempo. Quando o corpo já não contém energia suficiente, a alma abandona-o e procura uma nova fonte de vida que a acolherá a fim de continuar o seu périplo.

– E durante quanto tempo procura ela?

– Um dia, um século? Isso depende da sua força, da quantidade de energia que regenerou no decorrer de uma vida.

– E se lhe faltar energia?

– Apaga-se!

– Mas que energia é essa?

– A fonte da vida: o sentimento!

Peter fez Jonathan sobressaltar-se ao pousar a mão no seu ombro.

– Desculpa interromper-te, meu caro, mas eles não vão manter a nossa reserva. Para arranjar outra mesa será um verdadeiro calvário, este lugar está cheio de gente famosa.

Jonathan prometeu que iria ter com ele ao restaurante daí a alguns instantes. Peter cumprimentou a mulher e saiu do bar levantando os olhos para o céu.

– Senhor Gardner – retomou a mulher –, eu não acredito minimamente no acaso.

– Porque é o acaso aqui chamado?

– O excesso de importância que lhe concedemos é temível. De tudo o que acabei de lhe dizer, retenha uma única coisa: acontece duas almas encontrarem-se para formarem apenas uma. Quando isso acontece, elas passarão a depender uma da outra para sempre. São indissociáveis e não descansarão enquanto não se encontrarem, vida após vida. Se no decorrer de uma dessas existências terrestres uma metade se dissociasse da outra, quebrasse o juramento que as liga, as duas almas apagar-se-iam imediatamente. A viagem de cada uma não pode continuar sem a outra.

O rosto da mulher alterou-se brutalmente, os seus traços endureceram, os seus olhos tornaram-se de novo de um azul profundo. Ela levantou-se e agarrou no pulso de Jonathan, apertando-o com toda a força. A sua voz tornou-se ainda mais grave.

– Senhor Gardner, neste instante algo em si adivinha que eu não sou uma mulher velha que perdeu a razão. Preste muita atenção ao que lhe vou dizer: não desista! Ela voltou, ela está aí. Algures neste planeta, ela espera-o e procura-o. Doravante, para vocês dois, o tempo está contado. Se renunciassem um ao outro, seria bem pior do que passar ao lado das vossas vidas, seria perder as vossas almas. O fim das vossas duas viagens seria um incrível desperdício, porque estão tão perto do objectivo. Quando se reconhecerem, não passem ao lado um do outro.

Peter, que voltara atrás, agarrou Jonathan pelo braço, forçando-o a virar-se.

– Eles não querem dar-me a mesa enquanto não estivermos «au complet»! Acabo de negociar três minutos de tolerância com o *maître d'hôtel*, antes de nos voltar a pôr no fim da lista. Despacha-te, que está um entrecosto mal passado à nossa espera!

Jonathan libertou-se bruscamente do seu amigo, mas quando se voltou, a mulher com os cabelos brancos tinha desaparecido. O seu coração começou a bater com mais força. Precipitou-se para o corredor, mas a multidão fizera desaparecer toda a esperança de a encontrar.

2

O *maître d'hôtel* tinha-os instalado num compartimento ao fundo da sala do restaurante. Sentado num banco forrado a cabedal vermelho, Jonathan sentia dificuldade em se libertar da tensão que o invadira. O conteúdo do seu prato estava intacto.

– É engraçado o que estás a fazer – disse Peter mastigando com apetite.

– E o que é que eu estou a fazer?

– Não paras de desapertar o nó da gravata.

– E então?

– É que não tens gravata!

Jonathan reparou que a sua mão direita estava a tremer, escondeu-a debaixo da mesa e fixou Peter.

– Acreditas no destino?

– Este entrecosto não tem hipótese nenhuma de se safar, se é o que queres saber.

– Estou a falar a sério!

– A sério?

Peter serviu-se de uma batata, ensopando-a copiosamente no molho que estava no seu prato.

– Há um voo às 22 horas: se partires imediatamente, ainda o consegues apanhar – prosseguiu Peter, olhando o enorme pedaço de carne espetado no seu garfo. – Estás com um aspecto horrível.

Jonathan, que continuava a não tocar no seu prato, pegou num pequeno pedaço de pão e começou a esmagar o miolo morno com os dedos. No seu peito, o seu coração continuava a bater com força.

– Eu tratarei da conta do hotel, vá, põe-te a andar!

A voz de Peter pareceu-lhe de súbito mais longínqua.

– Não me sinto muito bem – disse Jonathan, que tentava recompor-se.

– Casa com ela de uma vez por todas, começas a cansar-me com a tua Anna.

– E não queres regressar comigo esta noite?

Nesse momento, Peter não percebeu o pedido de ajuda do seu amigo. Voltou a encher o seu copo com vinho.

– Queria aproveitar este jantar para te falar dos problemas que tenho neste momento no escritório, gostaria que me ajudasses a reflectir sobre a forma de reagir a esses artigos que me atacam gratuitamente. E também gostaria que te debruçasses sobre o conteúdo das minhas próximas vendas, mas jantarei em *tête-à-tête* com este entrecosto, já não será mau. Não posso abandoná-lo também, pois isso prejudicaria a ideia que as pessoas fazem das alegres noites dos celibatários.

Jonathan hesitou, depois levantou-se e meteu a mão no bolso do seu casaco para pegar na carteira.

– Não ficas chateado comigo?

Peter interrompeu-lhe o gesto.

– Nem sequer penses nisso. Não podes pagar um jantar no qual não estiveste presente. Posso fazer-te uma pergunta muito pessoal, cuja resposta ficará inteiramente entre nós?

– Claro – respondeu Jonathan.

Peter apontou com um ar circunspecto o pedaço de carne intacto que pontificava no meio do prato de Jonathan.

– Não vês objecção?

E antes de o seu amigo responder, trocou os pratos e atacou a carne.

– Anda lá, põe-te a mexer, e dá-lhe um beijo por mim. Ligo-te amanhã quando chegar. Preciso mesmo que me ajudes a resolver a situação no escritório, as coisas não estão nada fáceis.

Jonathan pousou a mão no ombro do seu amigo e apertou-o, reencontrando um pouco do equilíbrio que lhe faltava. Peter levantou a cabeça e observou-o longamente.

– Tens a certeza de que estás bem?

– Sim, apenas um pouco cansado, não te preocupes, para o resto podes contar comigo.

Dirigiu-se para a saída num passo rápido. As mil luzes da fachada do hotel cegaram-no. Fez um sinal ao porteiro. Com o seu ar aturdido e desajeitado, Jonathan parecia um jogador esgotado pelo azar. Um táxi avançou até ao átrio. Assim que o carro arrancou, ele abriu a janela em busca de um pouco de ar.

– Má sorte? – perguntou o motorista, que o observava pelo espelho retrovisor.

Jonathan tranquilizou-o com um movimento de cabeça. Fechou os olhos e apoiou a nuca contra as costas do assento. Os candeeiros desenhavam sob as suas pálpebras um traço descontínuo de estilhaços luminosos, fazendo surgir na sua memória a lembrança do pedaço de cartão que, em criança, prendia às rodas da frente da sua bicicleta. O ar tinha esfriado. Jonathan reabriu os olhos. Uma paisagem suburbana desfilava pela janela. Sentiu-se vazio de todo e qualquer desejo.

– Deixei a auto-estrada, havia um acidente – disse o motorista.

Jonathan fixou o olhar do homem, que se reflectia no espelho rectangular.

– Parecia mesmo que tinha adormecido. Muitas festas?

– Não, muito trabalho!

– Pois, de qualquer modo alguma coisa nos há-de matar!

– Daqui a quanto tempo chegaremos? – perguntou Jonathan.

– Espero que em breve. A tarifa da viagem é fixa.

Ao longe, as luzes alaranjadas da zona do aeroporto destacavam-se na penumbra. O táxi parou junto da passagem reservada aos passageiros da Continental Airline. Jonathan pagou ao motorista e saiu do *Ford* branco com portas vermelhas. O carro afastou-se.

No balcão da companhia, a hospedeira informou-o de que os quatro lugares de primeira estavam preenchidos, mas que a classe económica estava quase vazia. Jonathan escolheu um lugar à janela. O fluxo de viajantes, àquela hora avançada da noite, rarefazia-se. Passou o controlo de segurança rapidamente e meteu-se pelo interminável corredor que conduzia à sala de embarque.

Um *McDonnell Douglas* com as cores da Continental Airline encostou ao extremo da passadeira. O nariz do aparelho parecia tocar a vidraça. Um rapazinho que esperava junto da mãe acenou aos pilotos que se encontravam na cabine. O comandante de bordo devolveu-lhe o gesto. Alguns instantes depois, um grupo de uma dezena de viajantes irrompeu da passadeira e desapareceu um pouco mais à frente, engolido por uma escada rolante. A hospedeira que fechou a porta depois de o grupo passar tranquilizou os passageiros. A limpeza do avião já se iniciara e não teriam de esperar muito mais.

Minutos depois, o seu *walkie-talkie* tocou, ela acusou a recepção da mensagem, aproximou-se do microfone e anunciou que o embarque se ia iniciar.

O avião emergiu da espessa camada de nuvens, uma luz prateada iluminava a noite. Jonathan inclinou as costas do seu assento na tentativa de ficar minimamente confortável e tentou em vão adormecer. Colou o rosto ao vidro da pequena janela e contemplou as cristas de algodão que deslizavam sob as asas.

Quando entrou em casa, reinava o silêncio. Jonathan atravessou o patamar e entrou no seu quarto. A cama não estava desfeita, Anna devia estar no andar de cima. Dirigiu-se à casa de banho, entrou no duche e deixou o forte jacto de água chicotear-lhe o rosto, antes de deslizar pelo seu corpo abaixo. Deixou-se ficar assim muito tempo. Depois vestiu um roupão e subiu ao último andar. Abriu a porta do *atelier*. Não estava nenhuma lâmpada acesa. A lua que se via pela vidraça bastava para trair a penumbra. Anna estava deitada num sofá. Ele aproximou-se dela sem fazer barulho e ficou de pé a vê-la dormir. Ajoelhou-se e sentiu vontade de lhe fazer uma festa no rosto. Ela teve um movimento de recuo no seu sono. Jonathan puxou até aos seus ombros o xaile cinzento que lhe cobria as pernas e voltou a sair. Deitou-se sozinho no meio da grande cama e encolheu-se sob os lençóis. Ao som da chuva que batia nas vidraças, adormeceu profundamente.

O Inverno instalou-se numa Bóston coberta de neve. Os preparativos do Natal enchiam a velha cidade de luzes brilhantes. Entre duas viagens, Jonathan reencontrava Anna na casa onde moravam juntos e na qual outros preparativos o esperavam.

Anna organizava o casamento até ao mais ínfimo pormenor: a escolha do papel para os convites, as flores que deviam decorar a igreja e os textos que tinham de ser lidos durante a missa, a selecção dos canapés que seriam servidos no *cocktail* que precederia o grande jantar, os planos das mesas, que deviam respeitar sem qualquer falha as hierarquias complexas da sociedade bostoniana, a audição dos músicos que comporiam a orquestra, a selecção dos trechos que tocariam consoante o momento da noite, e por aí fora. E Jonathan, que queria amar Anna, esforçava-se por a ajudar no seu desejo frenético de que aquele casamento fosse o mais belo a que a cidade assistia há lustros. Todos os seus sábados eram consagrados a visitar lojas especializadas, e cada domingo ao estudo dos catálogos e amostras recolhidos na véspera. No final de alguns fins-de-semana, Jonathan sentia que a escolha das toalhas ou dos ramos de flores que iriam decorar as mesas na noite do seu casamento, em vez de tornarem a cerimónia mais bela como era suposto fazerem, teriam exactamente o efeito contrário. As semanas passavam e o seu entusiasmo diminuía.

A Primavera foi precoce e as esplanadas dos restaurantes do velho porto já se estendiam até ao mercado ao ar livre. Anna e Jonathan, que não tinham parado de trabalhar toda a manhã, tinham-se sentado em redor de um copioso prato de crustáceos. Anna pegou num caderno e colocou-o à sua frente. Jonathan viu-a riscar as linhas da última página, não sem esperança de que aquilo talvez significasse o fim tão esperado dos preparativos. Daí a quatro semanas, a essa mesma hora do dia, a união deles seria consagrada pelos solenes laços do matrimónio.

– Três fins-de-semana de absoluto repouso não nos farão mal, se quisermos estar totalmente conscientes no dia D!

– Achas isso engraçado? – perguntou Anna mordiscando a caneta.

– Eu sei que é a tua caneta preferida, deves ter gasto pelo menos umas vinte nestes últimos meses, mas devias provar as ostras.

– Sabes, Jonathan, não tenho nem mãe nem pai para me ajudarem a organizar esta cerimónia e, quando olho para ti, há momentos em que tenho mesmo a impressão de que me vou casar sozinha!

– Anna, há momentos em que tenho a impressão de que é com as argolas de guardanapos que te vais casar!

Anna olhou-o furiosa, pegou no caderno, levantou-se e abandonou a esplanada do restaurante. Jonathan não tentou detê-la. Esperou que os rostos indiscretos dos seus vizinhos se voltassem e continuou tranquilamente a comer. Aproveitou aquele fim de tarde de liberdade para percorrer os escaparates de uma grande loja de discos e parou diante de uma loja de roupa onde uma camisola de lã grossa preta lhe estendia as mangas na montra. Enquanto calcorreava as ruas da velha cidade, tentou ligar para o telemóvel de Peter, mas respondeu-lhe o gravador. Deixou uma mensagem. Um pouco depois, parou numa loja de flores, escolheu um ramo de rosas púrpuras e regressou a casa a pé.

Anna estava na cozinha, com um avental que lhe apertava a cintura e fazia com que o seu peito sobressaísse no decote. Não prestou nenhuma atenção ao ramo que Jonathan pousou sobre a mesa. Ele sentou-se num dos tamboretes altos. Olhou com ternura para Anna, que continuava a preparar o jantar sem dizer uma palavra. Os seus gestos bruscos traíam uma cólera fria.

– Sinto muito – disse ele –, não queria magoar-te.

– Pois então falhaste! Não é unicamente por nós que quero tornar esta cerimónia inesquecível, sou tua mulher e participo no sucesso da tua carreira, imagina lá tu! Não sou eu que preciso de ter a consideração e a estima de todos os notáveis afortunados da costa leste. Ao pendurarem os teus quadros nos seus salões, é um pouco do teu sucesso que eles esperam ver nas suas paredes.

– Não queres parar com esta discussão idiota? – pediu ele. – Olha, diz-me lá finalmente quem será a tua testemunha. Depois deste tempo todo, já deves ter tomado uma decisão?

Jonathan levantou-se, deu a volta ao balcão e tentou abraçá-la. Anna afastou-o.

– Tu tens de suscitar desejo, Jonathan – prosseguiu ela –, é por isso que me maquilho mesmo para ir fazer compras; que esta casa está sempre impecavelmente limpa e arrumada e que os jantares que damos são únicos. O que faz funcionar este país é o desejo, portanto não aceito que censures o meu perfeccionismo. Se sou exigente, é por causa do teu futuro.

– Os quadros, Anna, não os vendo, avalio-os – respondeu Jonathan com um suspiro. – É-me indiferente o que pensam as pessoas, e já que nos vamos casar tenho de te confessar uma coisa muito importante: pouco importa a maquilhagem, quando olho para ti a dormir de manhã acho-te muito mais bela do que quando te arranjas para sair à noite. Nesse momento do dia, na intimidade da nossa cama, esse meu olhar não é perturbado por nenhum outro. Gostaria que o tempo nos tornasse cúmplices em vez de nos separar, como o vem a fazer de há umas semanas para cá.

Ela pousou sobre a mesa a garrafa de vinho que começara a abrir e olhou-o fixamente. Jonathan foi colocar-se atrás dela. As suas mãos desceram-lhe pelas costas até às ancas e os seus dedos desfizeram o laço do avental. Anna ainda resistiu um pouco, mas depois abandonou-se.

O dia começou com um sol frio. A discussão da véspera terminara no início da noite. Jonathan levantou-se e preparou um tabuleiro com o pequeno-almoço que levou a Anna. Partilharam-no, aproveitando aquela longa manhã de domingo. Anna subiu para o seu *atelier* e Jonathan continuou a preguiçar. Saltaram o almoço e passearam ao início da tarde nas ruelas do velho porto. Por volta das quatro horas, compraram numa loja de produtos italianos o necessário para fazer o jantar, e um pouco depois debruçaram-se sobre as prateleiras do videoclube na esquina da rua onde moravam.

No outro extremo da cidade, a cabeleira desgrenhada de Peter emergia de uma espessa camada de lençóis e cobertores. A luz do dia acabara finalmente por extraí-lo do seu profundo sono. Espreguiçou-se e lançou um rápido olhar ao despertador pousado sobre a mesa-de-cabeceira. A manhã de folga que tinha concedido a si mesmo prolongara-se para além de todas as suas expectativas. Bocejou longamente, começando depois a procurar às apalpadelas o telecomando da televisão nas pregas do cobertor. Quando o encontrou, pressionou um botão. À sua frente, o ecrã preso à parede começou a cintilar. Peter fez desfilar os vários canais. Um pequeno envelope a piscar no ângulo inferior do ecrã indicava-lhe que havia recebido uma mensagem electrónica. Ele validou a função de leitura e a mensagem apareceu. O cabeçalho indicava que fora enviada nesse mesmo dia por um correspondente da casa Christie's, em Londres. Eram 15 horas na costa leste dos Estados Unidos e já 20 horas do outro lado do oceano.

– Só faltava que estes também tivessem lido o jornal! – rosnou Peter.

O texto estava escrito em pequenos caracteres. Peter detestava os óculos de leitura que era obrigado a usar desde há alguns meses. Achava que o envelheciam e preferia impor-se uma ginástica patusca na qual se encadeavam algumas caretas especiais, que supostamente melhorariam a sua acuidade visual. O texto fê-lo arregalar os olhos. Enquanto relia pela terceira vez consecutiva a mensagem electrónica do seu correspondente em Londres, a sua mão procurou o telefone e, sem olhar para os botões do mostrador, marcou um número e, enervado, esperou. Depois de dez toques, desligou e voltou a tentar. Após a terceira tentativa, abriu raivosamente a gaveta da mesa-de-cabeceira e pegou no telemóvel. Ligou para as informações e pediu que o pusessem urgentemente em contacto com as reservas da British Airways. Prendeu o aparelho sem fios entre o ombro e o pescoço e dirigiu-se ao quarto de vestir. Pôs-se em bicos dos pés para pegar numa mala que estava na última prateleira e, ao puxar pela pega, a mala tombou bruscamente, arrastando com ela uma pilha de sacos de viagem que lhe caíram em cima. O funcionário das reservas atendeu por fim a sua chamada, enquanto ele praguejava em pijama, tentando livrar se dos sacos.

– Será que a coroa da Rainha desapareceu novamente e andam todos por aí à procura dela?

Eram 18 horas e o céu encobria-se com uma noite precoce que transportava uma tempestade para cima da cidade. As nuvens inchavam, tomando a forma de grandes toldos apertados uns contra os outros, tão carregados de água que se coloriam por transparência de âmbar e de negro. Algumas gotas trespassaram o espesso véu traçando na névoa cinzenta fios direitos e prateados, que depois se precipitaram violentamento sobre o alcatrão. Jonathan baixou o caixilho superior da janela. Uma noite diante da televisão adaptar-se-ia perfeitamente a um tempo tão sombrio. Foi até à cozinha, abriu o frigorífico e tirou as caixas que continham as diferentes entradas italianas que Anna escolhera. Acendeu o forno para aquecer o gratinado de beringelas, polvilhou generosamente a superfície com queijo parmesão e dirigiu-se ao telefone de parede. Ia marcar o número do *atelier* de Anna quando a luz de chamada da linha exterior começou a piscar, precedendo a campainha.

– Mas por onde é que andas? É a décima vez que tento apanhar-te!

– Boa noite, Peter!

– Prepara uma pequena mala, encontramo-nos no aeroporto de Logan, na sala de embarque da British Airways, o avião para Londres parte às 21h15, reservei dois lugares para nós.

– Supondo durante dois segundos que não é domingo, que eu não estou na minha cozinha a confeccionar um jantar para a mulher com quem vou casar dentro de quatro semanas e que não me estou a preparar para rever com ela *O Mundo É Um Manicómio*, qual seria a razão de tal viagem?

– Adoro quando falas assim, até parece que já estamos em Inglaterra – continuou Peter num tom cáustico.

– Bom, meu caro, foi um prazer falar contigo mas, para usar uma das tuas expressões favoritas, estou justamente no meio de uma conversa com um gratinado de beringelas, por isso, se não me levares a mal...

– Acabo de receber um *e-mail* de Londres, um coleccionador põe à venda cinco telas, todas elas da autoria de um certo Vladimir Radskin... Elas são de quê, as tuas lasanhas?

– Estás a falar a sério?

– Se surgir a oportunidade, apresentar-te-ei o meu correspondente, rio-me mais quando vou ao dentista! Jonathan, seremos nós ou a concorrência que organizará a venda destes quadros, a decisão é tua. Sabes perfeitamente que a escolha do mercado se faz muitas vezes em função da qualidade da peritagem.

Jonathan franziu as sobrancelhas e enrolou nervosamente o fio do telefone em redor do indicador.

– Não é possível haver cinco telas de Radskin postas à venda em Londres.

– Não te disse que seriam postas à venda em Londres, mas sim que serão expostas em Londres. Considerando a importância desta colecção, eu faria a venda em Bóston... e dessa forma salvo a minha vida profissional.

– O número que dizes não pode estar certo, Peter. Repito-te que é impossível haver cinco telas à venda. Eu sei onde se encontram todas as telas de Radskin, e apenas quatro estão ainda em colecções particulares não identificadas.

– O especialista és tu – disse Peter antes de acrescentar num tom trocista: – Justamente, eu pensava cá para comigo ao ligar-te a esta hora imprópria que este mistério talvez valesse um prato de massa. Até logo.

Jonathan ouviu um clique, Peter tinha desligado sem sequer se despedir. Pousou o aparelho no suporte da parede. Alguns segundos depois, Anna, que não perdera uma única palavra da conversa, pousou o auscultador do seu. Colocou o pincel no recipiente da água, envolveu-se no seu xaile de lã, soltou os cabelos e desceu a escada que conduzia à cozinha. Jonathan permanecera em pé junto ao telefone, como que ausente. A voz de Anna fê-lo sobressaltar-se.

– Quem era?

– Peter.

– Ele está bem?

– Sim.

Anna aspirou o cheiro a salva que enchia a cozinha. Abriu a porta do forno e contemplou o gratinado que tostava no *grill*.

– Tem um aspecto óptimo. Ponho o filme e espero por ti na sala. Estou a morrer de fome, tu não?

– Sim, sim – disse Jonathan num tom de voz um pouco seco.

Ao passar diante da mesa, Anna pegou numa pequena alcachofra pelo pé e meteu-a na boca.

– Pela cozinha italiana eu até vendia a alma! – disse ela com a boca cheia.

Limpou um pingo de óleo na comissura dos lábios e deixou a cozinha. Jonathan suspirou, retirou o prato a ferver do forno e compôs um tabuleiro cheio de atenções. Dispôs as entradas em redor do prato único e colocou a sua parte no frigorífico. Depois abriu uma garrafa de *chianti* e encheu um belo copo de pé alto que colocou junto do pastel de *mozzarella*.

Anna tinha-se instalado no canapé, o grande ecrã de plasma já estava aceso, bastava apertar o botão do telecomando do leitor de DVD para iniciar a projecção do filme de Capra.

– Queres que vá buscar o teu tabuleiro? – perguntou ela com uma voz doce quando Jonathan pousou o dela nos seus joelhos.

Ele sentou-se ao lado dela e pegou-lhe na mão. Com um ar contrito explicou-lhe que não poderia jantar ali. Antes que ela pudesse reagir, contou-lhe o telefonema de Peter e desculpou-se o mais ternamente que pôde. Tinha de partir, não apenas por ele mas também pelo seu amigo, que estava numa situação profissional delicada. A casa Christie's não compreenderia que ele negligenciasse uma tal venda. E seria uma falta profissional que poderia prejudicar seriamente a sua própria carreira, que tanto contava também para ela. Por honestidade, acabou por confessar que sonhara sempre com a possibilidade de se aproximar daquelas telas, de lhes sentir os relevos, de lhes observar as cores sem serem alteradas pela óptica de uma câmara fotográfica ou pela impressão em papel.

– Quem é o vendedor? – perguntou ela baixinho.

– Não faço a menor ideia. Podem pertencer a um descendente do galerista de Radskin. Nunca encontrei qualquer sinal delas nas vendas públicas e, quando foi lançada a primeira edição do catálogo *raisonné* da obra do pintor, tive de me contentar com fotografias e certificados de autenticidade.

– Quantos quadros são?

Jonathan hesitou antes de dizer o número. Ele sabia que era impossível partilhar com ela aquela esperança que o animava de descobrir a quinta pintura de que Peter lhe havia falado. Aos olhos de Anna, o último quadro de Vladimir Radskin era uma quimera, um efeito da paixão devoradora e malsã que o seu futuro marido tinha por aquele velho pintor louco.

Jonathan entrou no quarto de vestir, abriu uma pequena mala, escolheu algumas camisas cuidadosamente dobradas, uma camisola, algumas gravatas e roupa interior para cinco dias. Concentrado na sua bagagem, não ouviu os passos de Anna nas suas costas.

– Abandonas-me novamente para ir ter com a tua amante, quando estamos a quatro semanas de nos casarmos. Não te falta descaramento!

Jonathan levantou a cabeça e viu a silhueta sedutora da sua futura mulher recortada no enquadramento da porta.

– A minha amante, como tu dizes, é um velho pintor, louco como também dizes, e que morreu há décadas. No início da nossa relação, acho que isso deveria tranquilizar-te sobre os meus gostos.

– Não sei como hei-de entender esse comentário, se ainda faço parte dos teus gostos.

– Não era isso o que eu queria dizer – respondeu ele, tomando-a nos braços.

Anna resistiu ao abraço de Jonathan e depois afastou-o.

– Estás a meter água, meu caro!

– Anna, não tenho alternativa. Não tornes as coisas ainda mais difíceis. Meu Deus, porque é que não posso viver este género de alegrias contigo!

– E se o Peter tivesse telefonado na véspera da cerimónia, terias cancelado o nosso casamento?

– O Peter é o meu melhor amigo e nossa testemunha, nunca ligaria na véspera da cerimónia.

– Ah, sim? Pois eu acho que o faria sem qualquer problema!

– Enganas-te, apesar de um certo humor ao qual não és sensível, o Peter tem muito tacto.

– Deve escondê-lo muito bem. Mas se ele tivesse ligado, o que é que tu farias?

– Acho que nesse caso teria de renunciar à minha amante a fim de tornar oficial a união com a minha companheira.

Jonathan esperou, sem acreditar muito, que Anna deixasse de o provocar. Para não alimentar a discussão que ela tentava desencadear entre eles, pegou na bagagem e foi à casa de banho buscar a bolsa contendo os artigos de toilete. Ela seguiu-o com um passo enérgico. Ele passou diante dela e pegou no sobretudo pendurado no cabide. Quando se inclinou para a beijar, ela recuou e fixou o olhar nele.

– Como estás a ver, e tu próprio o confessas, o Peter teria telefonado até mesmo na manhã do casamento!

Jonathan desceu as escadas; quando chegou ao *hall*, rodou a maçaneta da porta e virou-se para olhar longamente Anna, que se mantinha imóvel e de braços cruzados no cimo das escadas.

– Não, Anna, ele teria esperado que eu o matasse na segunda-feira de manhã por não o ter feito.

E Jonathan saiu batendo com a porta. Acenou a um táxi e pediu ao motorista que o conduzisse ao terminal da British Airways, no aeroporto de Logan. A tempestade inundara a cidade. A água que ainda escorria nos passeios apagou imediatamente os seus passos. Quando o carro se afastou, as ripas de madeira do estore caíram sobre a janela do *atelier* de Anna. Ela sorria.

3

Jonathan esperava Peter de pé, diante da porta de embarque do voo BA 776. Seguiu com o olhar os últimos passageiros que se precipitavam para a passadeira móvel. Uma mão pousou no seu ombro. Peter reparou no rosto crispado do seu amigo e franziu uma sobrancelha.

– Ainda sou vossa testemunha?

– Pelo andar em que vão as coisas, é do meu divórcio que serás testemunha.

– Se o quiseres também estou de acordo, mas primeiro tens de te casar, há cronologias a respeitar.

O chefe de escala fez-lhes um sinal impaciente, a porta do avião só esperava que eles entrassem para se fechar. Peter instalou-se no lado da janela. Jonathan mal teve tempo de colocar a sua pequena mala no compartimento das bagagens antes de o aparelho começar a recuar.

Uma hora mais tarde, quando a hospedeira se aproximou dos seus assentos, Peter informou-a amavelmente de que nenhum desejava o tabuleiro-refeição que ela lhes estendia. Jonathan olhou o seu amigo, intrigado.

– Não te preocupes! – murmurou Peter num tom cúmplice. – Descobri dois truques geniais para melhorar estes voos de longo curso. Passei na tua charcutaria preferida e comprei uma série de coisas, o suficiente para termos um verdadeiro jantar. Sentia-me um pouco culpado por causa das tuas lasanhas.

– Era um gratinado de beringelas – respondeu Jonathan irritado. – E onde é que está esse festim? Estou esfomeado.

– Num dos compartimentos de bagagem que estão por cima de nós. Assim que a hospedeira e o seu carrinho tiverem passado a cortina, irei buscar o nosso jantar!

– E o teu segundo estratagema?

Peter inclinou-se para tirar do bolso uma pequena caixa de medicamentos que agitou diante dos olhos do amigo.

– Isto! – disse ele com um ar satisfeito, mostrando-lhe dois comprimidos brancos. – É uma pílula milagrosa. Quando acordares, olharás pela janela e dirás: «Olha, dir-se-ia Londres!»

Peter colocou os dois comprimidos na palma da mão. Ofereceu um a Jonathan, que recusou.

– Fazes mal – disse Peter enviando energicamente a pequena pastilha para o fundo da garganta. – Não é um sonífero, apenas ajuda a adormecer, e o único efeito secundário é que não se dá pela viagem.

Jonathan não alterou a sua decisão. Peter encostou a cabeça à janela e cada um deles mergulhou nos seus pensamentos. O chefe de cabine terminou o seu serviço e desapareceu no espaço reservado ao pessoal de voo. Jonathan desapertou o cinto e levantou-se.

– Em qual? – perguntou a Peter apontando a fila de compartimentos que se estendia sobre as suas cabeças.

Peter não respondeu. Jonathan inclinou-se para verificar se ele tinha adormecido. Deu-lhe uma palmadinha no ombro e hesitou antes de o abanar várias vezes. Mas Peter dormia profundamente e por mais que insistisse não o conseguiu acordar. Jonathan abriu a tampa do compartimento situada sobre as suas cabeças. Uma dezena de sacos e de sobretudos estavam imbricados uns nos outros numa confusão inextricável. Voltou a sentar-se, furioso. A cabine mergulhou na obscuridade. Uma hora mais tarde, Jonathan apagou a sua lâmpada de leitura e tentou alcançar a caixa de soníferos no casaco do seu vizinho. Peter roncava generosamente, encolhido contra a janela, e o seu bolso direito estava inacessível.

Seis horas depois a hospedeira reapareceu na cabine, empurrando um novo carrinho. Jonathan, a quem a fome atormentara durante todo o voo, acolheu com alegria o seu pequeno-almoço. A hospedeira inclinou-se para abrir a pequena prateleira de Peter, que acordou bocejando enquanto ela lhe apresentava o tabuleiro. Ele endireitou-se bruscamente.

– Mas eu disse-te que me ocupava do jantar! – disse ele, lançando um olhar furioso a Jonathan.

– Se dizes mais uma palavra, da próxima vez que acordares olharás pela janela e dirás: «Olha, dir-se-ia o Hospital São Vicente de Londres.»

A hospedeira serviu a refeição a Peter, Jonathan roubou imediatamente o brioche e o *croissant*, metendo-os na boca com um ar guloso sob o olhar espantado do seu amigo.

Um táxi conduziu-os do aeroporto de Heathrow até ao centro de Londres.

Atravessar Hyde Park às primeiras horas da manhã era um encantamento, capaz de os fazer esquecer que se encontravam no coração de uma das maiores capitais da Europa. Os troncos das árvores seculares emergiam de um véu de bruma que cobria ainda os imensos relvados. Jonathan olhou pela janela e viu dois cavalos cinzentos a trotarem em equipa sobre a areia recentemente alisada da alameda a eles destinada. Transpuseram o gradeamento de Prince Gate. Ainda não eram 8 horas da manhã, mas o trânsito na rotunda de Marble Arch já estava um inferno. Subiram Park Lane e o *black cab* depô-los finalmente à entrada do hotel Dorchester, situado à beira do parque, no rico bairro de Mayfair. Cada um deles tomou posse do seu quarto. Peter dirigiu-se para o de Jonathan, que se estava a vestir e lhe abriu a porta apenas com uma camisa branca e uns calções com motivos escoceses.

– Reconheço nessas roupas a elegância do viajante! – exclamou Peter entrando no quarto. – Gostaria de saber o que vestirias se te levasse a África... Este voo esgotou-me – acrescentou ele, deixando-se cair no grande sofá de couro que estava junto da janela.

Jonathan desapareceu na casa de banho sem lhe responder.

– Ainda estás chateado comigo? – gritou Peter.

A cabeça de Jonathan apareceu no enquadramento da porta.

– Passei o final do meu fim-de-semana a ver-te dormir no avião e provavelmente estou em vias de separação a quatro semanas do meu casamento. Por que razão estaria chateado? – perguntou ele, ajustando o nó da gravata.

– Vestes sempre as calças no fim? – perguntou Peter com um ar trocista.

– Tens algum problema com isso?

– Não, de modo algum, mas em caso de incêndio acho menos embaraçoso sair para o corredor sem gravata.

Jonathan lançou-lhe um olhar zangado.

– Não fiques assim – prosseguiu Peter –, é o teu pintor que nos traz aqui.

– E esse teu informador é fiável, ao menos?

– Considerando o que nos custa, tem interesse em sê-lo! E o que não há dúvida é que na sua mensagem ele escreveu *cinco pinturas* – disse Peter olhando pela janela.

– Pois enganou-se, acredita em mim!

– Encontrei o *e-mail* dele ao acordar e ainda não consegui apanhá-lo. Aqui já era bastante tarde, e não lhe posso censurar o facto de viver a sua vida num domingo à noite.

– Levantaste-te de novo a meio da tarde?

Peter tinha um ar meio embaraçado ao responder a Jonathan:

– Tinha-me deitado tarde... Mas olha lá, meu caro, fui eu que sacrifiquei o meu fim-de-semana para tu poderes viver a tua paixão, por isso não tentes culpabilizar-me.

– Porque uma venda desta importância não resolveria os assuntos pendentes com os seus sócios, senhor oficial de leilões?

– Digamos que sacrificámos os nossos fins-de-semana por uma causa comum!

– Tens outras informações?

– Tenho o endereço da galeria onde serão expostas as telas a partir de hoje. É aí que deverão ocorrer as peritagens, antes que o ou os proprietários escolham o feliz eleito que se ocupará da venda.

– Com quem estás em concorrência?

– Com todos aqueles que têm um martelo na mão e sabem dizer «vendido»! E conto a cem por cento contigo para que seja o meu que se ouça bater!

A reputação de Jonathan seria um excelente trunfo no jogo de sedução levado a cabo pelos vários leiloeiros com o objectivo de serem eles os responsáveis por aquela venda. Se fosse o primeiro a apresentar-se, e ainda por cima acompanhado por um perito da qualidade de Jonathan, Peter ganharia um avanço considerável.

Atravessaram o grande *hall* do Dorchester, e Peter parou diante do balcão do porteiro para lhe perguntar a direcção que deviam tomar para se dirigirem à morada indicada no papel que lhe estendia. O homem vestido de vermelho deu prontamente a volta ao balcão, desdobrou um mapa do bairro e traçou com uma caneta o itinerário que o hóspede do hotel deveria tomar para ir à galeria de arte. Num tom sério, recomendou-lhes que levantassem a cabeça em vários pontos do percurso, que assinalou com uma cruz, a fim de admirarem tal fachada ou tal edifício, que não deixariam de aumentar o interesse da visita. Perplexo, Peter franziu o sobrolho e perguntou ao porteiro se, graças ao maior dos acasos, ele não teria um primo ou um parente afastado a viver em Bóston. A pergunta surpreendeu o porteiro, que os escoltou até à porta giratória e a pôs em movimento. Acompanhou-os mesmo até ao átrio e sentiu-se no dever de retomar uma a uma todas as indicações que havia dado alguns minutos antes. Peter arrancou-lhe o mapa das mãos e arrastou Jonathan pelo braço.

As pequenas ruas por onde passavam resplandeciam ao sol. As montras das lojas ao longo dos passeios de pedra branca rivalizavam nas cores. Suportes de flores pendurados a intervalos regulares nos postes de iluminação baloiçavam na brisa ligeira. Jonathan tinha a sensação de estar a viver noutro tempo, numa outra época. Caminhava em direcção a um encontro que esperava desde sempre, admirando as casas com telhados em ardósia. E mesmo que o informador de Peter estivesse enganado, mesmo que ficasse decepcionado como calculava que ficaria, Jonathan sabia que, numa dessas galerias que viravam as costas a Piccadilly, poderia finalmente ver de perto os últimos quadros de Vladimir Radskin. Não precisaram de mais de dez minutos para chegarem diante do n.º 10 de Albermarle Street. Peter tirou o pequeno pedaço de papel do bolso do casaco e verificou a morada. Deu uma olhadela ao relógio e encostou a cara à cortina de ferro gradeada que protegia a montra.

– Ainda deve estar fechada – disse ele com um ar despeitado.

– Tu devias trabalhar na polícia – retorquiu Jonathan imediatamente.

No outro lado da rua, Jonathan reparou na fachada de um pequeno estabelecimento onde serviam café e bolos vienenses. Decidiu ir até lá e Peter seguiu-o. O lugar era acolhedor. O aroma dos grãos de café acabados de moer misturava-se ao dos brioches acabados de sair do forno. Os raros clientes estavam encostados a mesas altas, cada um deles mergulhado na leitura de um jornal ou de uma revista. Quando eles entraram, nenhum levantou a cabeça.

Dirigiram-se ao balcão de velho mármore granulado, encomendaram dois *capuccinos* e foram para a mesa junto à janela. Foi aí que Jonathan viu Clara pela primeira vez. Vestida com uma gabardina castanha-clara, ela estava sentada num dos tamboretes e virava as páginas do *Herald Tribune* enquanto bebia o seu café com natas. Absorta na sua leitura, levou distraidamente o líquido fumegante à boca, fez uma careta ao queimar-se e, sem nunca tirar os olhos do artigo que estava a ler, voltou a pousar a chávena, virando depois rapidamente uma página. Clara tinha um charme sensual, mesmo com o bigode branco que as natas haviam deixado no seu lábio superior. Jonathan sorriu, pegou num guardanapo de papel, aproximou-se e estendeu-lho. Clara pegou nele sem levantar a cabeça. Limpou-se e devolveu-o da mesma forma mecânica. Jonathan meteu-o no bolso e não tirou mais os olhos de Clara. Ela terminou a leitura, que parecia contrariá-la, afastou o jornal, abanou a cabeça de um lado para o outro e depois voltou-se, olhando para Jonathan, perplexa.

– Conhecemo-nos?

Jonathan não respondeu.

Com o guardanapo de papel na mão apontou para a ponta do queixo de Clara. Ela limpou a parte inferior do seu rosto, devolveu o guardanapo, reflectiu alguns segundos e os seus olhos iluminaram-se.

– Perdão – disse ela. – Lamento imenso, não sei porque é que leio estes jornais, sempre que o faço fico furiosa o dia todo.

– E o que dizia esse artigo? – perguntou Jonathan.

– Algo sem nenhuma importância – respondeu Clara –, coisas que se querem tão técnicas quanto eruditas e que afinal de contas não passam de considerações pretensiosas.

– Mas mesmo assim...?

– É realmente muito amável da sua parte interessar-se dessa forma, mas provavelmente não compreenderia nada, é terrivelmente aborrecido e ligado ao mundo no qual trabalho.

– Conceda-me uma oportunidade, que planeta é esse?

Clara olhou o seu relógio e pegou imediatamente no lenço que pousara no tamborete vizinho.

– A pintura! Tenho mesmo de me ir embora, já estou atrasada, estou à espera de uma entrega.

Dirigiu-se para a porta e virou-se mesmo antes de sair.

– Obrigada outra vez pelo...

– Não tem de quê – interrompeu-a Jonathan.

Ela esboçou uma ligeira reverência e deixou o estabelecimento. Através da vidraça, Jonathan viu-a atravessar a rua a correr. No passeio do outro lado da rua, introduziu uma chave numa pequena caixa presa à parede e a cortina de ferro gradeada da galeria situada no n.º 10 de Albermarle Street começou a elevar-se. Peter aproximou-se de Jonathan.

– O que é que estás a fazer?

– Acho que já podemos ir – respondeu Jonathan sem desviar o olhar da silhueta de Clara que desaparecia no interior da galeria.

– É com ela que temos encontro marcado?

– Tenho a impressão que sim.

– Pois bem, nesse caso vais mudar imediatamente a forma como olhavas para ela.

– Estás a falar de quê?

– De me tomares por parvo! Mas não é grave, há vinte anos que a coisa dura.

Em resposta ao ar espantado de Jonathan, Peter fez uma careta apontando a ponta do seu queixo. Saiu do café, imitando o gesto de acenar com um lenço. A galeria estava iluminada pela luz do dia. Jonathan apoiou a cabeça contra a montra. As paredes estavam nuas, a sala vazia, a jovem devia estar nas traseiras. Pressionou a pequena campainha que se encontrava mesmo ao lado da porta de madeira pintada de azul. Peter seguia-o. Clara apareceu alguns instantes depois. Ainda estava de gabardina e pôs-se a remexer nos bolsos. Sorriu ao reconhecer Jonathan, girou o fecho e entreabriu a porta.

– Esqueci-me das chaves no balcão?

– Não – disse Jonathan –, porque nesse caso suponho que não teria conseguido entrar.

– É provável que tenha razão, então foi o meu porta-moedas?

– Também não.

– A minha agenda! Passo a vida a perdê-la, devo detestar entrevistas.

– Não se esqueceu de nada, pode ficar descansada.

Impaciente, Peter passou à frente de Jonathan e estendeu o seu cartão de visita a Clara.

– Peter Gwel, represento a casa Christie's e chegámos esta manhã de Bóston para nos encontrarmos consigo.

– Bóston? É uma grande viagem... A sede da vossa empresa não fica em Londres? – perguntou Clara, abrindo a porta de par em par para os visitantes entrarem.

Seguiu-os e perguntou-lhes o que poderia fazer por eles. Peter e Jonathan olharam-se, surpreendidos. Jonathan acompanhou-a até ao fundo da galeria.

– Sou perito em quadros. Soubemos que...

Clara interrompeu-o, com um ar divertido.

– Adivinho o que vos traz aqui, embora estejam muito adiantados. Como podem constatar, só espero a primeira entrega ao fim da manhã.

– A primeira entrega? – perguntou Jonathan.

– Por questões de segurança, os quadros serão transportados individualmente, ao ritmo de um por dia. Para os verem todos, terão de passar a semana em Londres. Esta galeria é independente, mas na minha profissão são muitas vezes as companhias de seguros que mandam.

– Teme um roubo durante o transporte?

– Um roubo, um acidente... Uma colecção destas exige algumas precauções.

Um camião de mudanças com as cores da Delahaye Moving estacionou em frente da montra. Clara fez um sinal ao chefe de equipa que descia da sua cabine. Peter e Jonathan estavam com sorte, o primeiro quadro acabara de chegar. A grade traseira foi baixada e três homens transportaram uma enorme caixa até ao centro da galeria. Com mil precauções, desfizeram uma a uma as tábuas que protegiam a obra. Quando ela foi por fim retirada do seu sarcófago de madeira, Clara indicou aos homens o lugar onde devia ser pendurada. Jonathan estava impaciente. Os transportadores penduraram-na com uma precisão digna de ser admirada. Assim que se afastaram, Clara inspeccionou a moldura e observou minuciosamente a tela. Satisfeita, assinou o talão de recepção que o chefe de equipa lhe estendia.

Tinham passado quase duas horas quando o camião abandonou a rua. Durante todo esse tempo, Peter e Jonathan tinham observado religiosamente Clara a receber o quadro e a colocá-lo no seu lugar. Jonathan quis ajudá-la várias vezes, mas ela não o permitiu. Ligou a moldura ao alarme e subiu a um escadote para orientar cada um dos pequenos projectores que iluminariam a tela. Jonathan colocou-se à frente desta e deu-lhe algumas indicações, às quais ela pouco ligou. Desceu várias vezes do escadote para avaliar por si mesma o trabalho efectuado. Murmurando algumas palavras que só ela compreendia, voltava de novo a subir ao escadote e modificava a iluminação. Peter soprou ao ouvido do seu amigo que pensara até esse momento que apenas ele era louco e possuído pelo pintor russo, mas que lhe parecia que doravante o seu título estava em jogo. Jonathan fez-lhe um sinal de censura com o olhar e Peter afastou-se, passando o resto da manhã pendurado no seu telemóvel. Andava de um lado para o outro em frente à montra, quer no interior da galeria quer fora, no passeio, enquanto Clara e Jonathan trocavam pontos de vista sobre a qualidade da luz obtida. Por volta da uma da tarde, Clara imobilizou-se diante do quadro ao lado de Jonathan. Com as mãos nas ancas, os seus traços relaxaram; deu-lhe uma pequena cotovelada que o fez sobressaltar-se.

– Tenho fome – disse ela. – E você?

– Também!

– Gosta de cozinha japonesa?

– Gosto.

– E é sempre assim tão falador?

– Sim – disse Jonathan, mesmo antes de levar outra cotovelada.

– É um quadro maravilhoso, não é verdade? – retomou Clara com uma voz comovida.

A obra representava um almoço no campo. Sobre um terraço de pedra, ao lado de uma casa, via-se uma mesa. Uma dezena de convivas estavam sentados, enquanto outros estavam de pé um pouco mais longe na paisagem. Um enorme choupo abrigava sob a sua sombra dois homens elegantemente vestidos. O traço do pintor era tão certeiro que os seus lábios pareciam revelar o que diziam. A cor das folhas e a luminosidade do céu testemunhavam um belo fim de tarde de um Verão desaparecido há mais de um século e que parecia perdurar. Jonathan pensou que nenhuma daquelas personagens estava viva, que os seus corpos não passavam agora de pó, e no entanto, graças ao pincel de Vladimir, nunca desapareceriam. Bastava olhá-los para os imaginar ainda vivos. Quebrou o silêncio contemplativo que ele e Clara observavam há longos minutos.

– É um dos seus últimos quadros. Reparou neste ângulo particular? Raras são as cenas pintadas assim. Vladimir utilizou a altura para aumentar a profundidade do seu campo. Como teria feito um fotógrafo.

– E reparou que não há nenhuma mulher em redor da mesa? Uma cadeira em cada duas está vazia.

– Ele nunca pintava mulheres.

– Misógino?

– Viúvo e inconsolável.

– Estava a testá-lo! Vamos lá, o meu estômago não me larga quando o ignoro tempo de mais.

Clara arrastou Jonathan, ligou o sistema vídeo de segurança e o alarme, desligou as luzes e fechou a porta atrás de si. No passeio, Peter, que continuava a andar de um lado para o outro, fez-lhes sinal de que estava a acabar a conversa e que se juntaria a eles daí a pouco.

– O seu amigo tem uma bateria que nunca se descarrega, ou consegue usar a do seu interlocutor?

– Ele tem tanta energia que as deve recarregar sozinho!

– Deve ser algo do género. Venha, é mesmo aqui em frente.

Jonathan e Clara atravessaram a rua, entraram no pequeno restaurante japonês e sentaram-se num compartimento. Jonathan mostrava a ementa a Clara quando Peter entrou com espalhafato.

– Encantador, este sítio – disse ele, sentando-se. – Peço desculpa por vos ter feito esperar, pensei que com a diferença horária teria um pouco mais de tempo antes da abertura do escritório de Bóston, mas os lobos são madrugadores.

– Tens fome? – perguntou Jonathan passando a ementa ao amigo.

Peter abriu-a e voltou a pousá-la sobre a mesa, com um ar triste.

– Gostam mesmo disto, de peixe cru? Eu prefiro os pratos em que os peixes me fazem esquecer que estavam vivos antes de eu os ver...

– Conhecem-se há muito tempo? – perguntou Clara, divertida.

O almoço foi agradável. Peter utilizou todo o seu charme, fazendo Clara rir várias vezes. A dado momento, escreveu discretamente algumas palavras num guardanapo de papel que meteu na mão de Jonathan. Este desdobrou-o sobre os joelhos e depois de ler amassou-o até o transformar numa bola, que deixou cair no chão. Do outro lado da rua, sob um céu londrino que se carregava de nuvens, o quadro de um velho pintor russo resplandecia com a luz de um Verão de outros tempos que nunca deixaria de existir.

Depois do almoço, Peter dirigiu-se aos escritórios da Christie's, enquanto Jonathan regressava com Clara à galeria. Passou toda a tarde sentado num banco diante da tela. Examinou cada pormenor com uma lupa, anotando metodicamente as suas observações num grande caderno.

Peter enviara um fotógrafo, que se apresentou na galeria ao fim do dia. Este último instalou minuciosamente o seu material. Grandes guarda-chuvas brancos presos a tripés abriam-se dos dois lados do quadro, ligados por cordões ao aparelho 6 x 6.

Na tarde que declinava, a montra iluminou-se com dezenas de relâmpagos ao ritmo dos disparos dos *flashes* que se sucediam. Olhando da rua, dir-se-ia que uma tempestade havia rebentado no interior da galeria. No final do dia, o fotógrafo arrumou o seu equipamento nas traseiras e despediu-se de Jonathan e de Clara. Voltaria no dia seguinte, à mesma hora, para fotografar o segundo quadro. Enquanto ele cumprimentava Clara junto à porta, Jonathan autentificou a assinatura na parte inferior da tela. O quadro era sem dúvida *O Almoço no Campo,* de Vladimir Radskin, que fora exposto em Paris no início do século e depois em Roma, e faria parte da próxima edição do catálogo *raisonné* da obra do pintor.

Já há muito tempo que os efeitos da diferença horária pesavam nos ombros de Jonathan. Propôs a Clara ajudá-la a fechar a galeria. Ela agradeceu-lhe, mas ainda tinha trabalho à sua espera. Acompanhou-o até à porta.

– Foi um dia maravilhoso – disse ele –, estou-lhe muito grato.

– Mas os méritos não são meus – respondeu Clara com uma voz doce –, é a ele que deve agradecer – acrescentou ela apontando o quadro.

Ao sair para o passeio, Jonathan dificilmente reteve um bocejo. Virou-se e olhou Clara fixamente.

– Tinha mil perguntas para lhe fazer – disse ele.

Ela sorriu.

– Creio que teremos toda a semana para isso, vá dormir, não parei de me interrogar durante toda a tarde como é que se aguentava de pé.

Jonathan recuou e esboçou um gesto de adeus com a mão. Clara levantou a sua. Um táxi preto estacionou junto ao passeio.

– Obrigado – disse Jonathan.

Subiu para o carro e ainda lhe fez um pequeno sinal pela janela. Clara voltou a entrar, fechou a porta da galeria e dirigiu-se à montra a fim de olhar o táxi a afastar-se, com um ar sonhador. Uma outra questão tinha ocupado o seu espírito depois do almoço. A impressão de já ter encontrado Jonathan tornara-se obsessiva. Enquanto ele contemplava o quadro, sentado no banco, alguns dos seus gestos pareciam quase familiares. Mas, por mais que tentasse lembrar-se, não conseguia associar nem um lugar nem uma data a esse sentimento. Com um encolher de ombros, dirigiu-se para a sua secretária.

Ao chegar ao quarto, Jonathan reparou na pequena luz vermelha que piscava no mostrador do telefone. Pousou imediatamente o seu saco, pegou no auscultador e carregou no botão das mensagens de voz. A voz de Peter não tinha perdido nenhuma da sua energia. Ambos estavam convidados para uma *vernissage* seguida de um jantar num restaurante elegante, com «pratos verdadeiros», «cozidos», acrescentara Peter. Convidava-o a encontrar-se com ele no *hall* às 21 horas.

Jonathan fingiu ignorar a razão da sua ligeira decepção. Deixou, por sua vez, uma mensagem para Peter. A fadiga arrasara-o, preferia ir dormir, encontrar-se-iam na manhã seguinte. Logo a seguir marcou o número da sua casa de Bóston. O telefone tocou no vazio, talvez Anna estivesse no seu *atelier*, com a campainha do telefone desligada, ou podia ter saído sem ligar o gravador. Jonathan despiu-se e entrou na casa de banho.

De regresso ao quarto, envolvido num espesso roupão de algodão, pegou no caderno e releu as suas notas. Tocou com o dedo, na parte inferior de uma página cheia de descrições, o pequeno esboço que tinha desenhado à tarde. Embora o traço fosse desajeitado, o perfil de Clara era perfeitamente reconhecível. Jonathan suspirou, voltou a pousar o caderno, apagou a lâmpada, cruzou as mãos atrás da nuca e ficou à espera de adormecer.

Uma hora mais tarde, continuava acordado. Saltou da cama, foi buscar um fato ao armário, vestiu uma camisa limpa e deixou o quarto. Correu ao longo do corredor que conduzia ao elevador, atou os atacadores dos sapatos na cabine e estava a acabar de ajustar a gravata quando as portas se abriram no rés-do-chão. Viu Peter junto de uma coluna de mármore na outra ponta do *hall*. Jonathan apressou-se, mas, ao aproximar-se de Peter, uma outra silhueta, esta muito feminina, destacou-se da coluna. O braço de Peter enlaçava a cintura de uma escultural jovem vestida com o mínimo possível. Jonathan sorriu e imobilizou-se, enquanto Peter desaparecia em boa companhia pela porta giratória. Sozinho no meio do *hall* do Dorchester, Jonathan reparou no bar e decidiu ir até lá. Estava repleto. O empregado instalou-o a uma pequena mesa, Jonathan deixou-se cair num sofá de couro negro. Um *bourbon* e uma *club sandwich* ajudá-lo-iam provavelmente a reconciliar os efeitos da diferença horária com os seus desejos instáveis.

Ia abrir o jornal quando o seu olhar foi atraído pelos cabelos brancos prateados de uma mulher sentada no bar. Jonathan inclinou-se, mas várias pessoas amassadas contra o bar obstruíam o seu campo de visão, impedindo-o de ver o seu rosto. Jonathan observou-a durante uns instantes, pareceu-lhe que ela fixava o *barman*.

Ia continuar a ler o jornal quando reparou na forma especial como a mão da mulher fazia girar os cubos de gelo no copo de uísque, e depois no anel que ela tinha no dedo. O seu coração começou a bater com força e ele levantou-se de rompante. Abrindo com dificuldade caminho por entre a multidão, conseguiu finalmente chegar ao bar.

Mas uma mulher de uma idade completamente diferente havia ocupado o tamborete. Estava rodeada por uma equipa de corretores da bolsa e agarrou o, alegremente, convidando-o a juntar-se a eles. Só a muito custo Jonathan conseguiu livrar-se do grupo de foliões. Pôs-se em bicos dos pés e como que sobre um oceano imaginário viu a cabeleira branca deslizar para a saída. Quando conseguiu chegar à porta, o *hall* do hotel estava vazio. Atravessou-o a correr, precipitou-se para o alpendre e perguntou ao porteiro se tinha visto uma mulher sair uns instantes antes.

Embaraçado, este fê-lo compreender que a sua profissão o proibia de responder a esse género de perguntas... Estávamos em Londres.

Jonathan e Peter tinham-se encontrado às primeiras horas da manhã para irem correr no parque.

– Estás cá com uma cara! Para alguém que deu a volta ao relógio, dormir não parece ter-te feito bem – disse Peter a Jonathan. – Voltaste a sair?

– Não, não consegui pregar olho, é tudo. E tu, como foi a tua noite?

– Chata, como não podia deixar de ser, na companhia de notáveis.

– Ah sim? E como era ela?

– Notável!

– Era o que me estava a parecer.

Peter apoiou-se no ombro de Jonathan.

– Bom, digamos que mudei de programa no último momento, mas apenas porque tu decidiste não vir. Preciso de um café, eu também não dormi muito.

– Não precisas de me contar os pormenores! – disse Jonathan.

– Vejo que estás de bom humor, e ainda bem. Os nossos concorrentes não terão formado as suas equipas antes de sexta-feira, o que nos dá um avanço de uma semana sobre eles para conseguirmos esta venda. Então vê lá se pões um pouco de sedução na tua cara antes de irmos ver a nossa galerista. Ainda não sei a quem pertencem estes quadros, mas a sua opinião será determinante, e tenho a impressão de que ela não é insensível ao teu charme.

– Peter, és um grande chato.

– É o que eu dizia, estás de excelente humor! – prosseguiu Peter, tentando recuperar o fôlego. – Devias lá ir agora.

– Desculpa?

– Só tens um desejo, o de voltar a ver o teu quadro, por isso vai.

– Não vens comigo?

– Tenho trabalho. Levar as telas de Radskin para os Estados Unidos não é uma partida ganha de avanço.

– Então organiza a tua venda em Londres.

– Nem pensar, preciso de que estejas presente. Quando fores mudar de roupa ao hotel, pega na tua agenda e verifica o que te vou dizer: é suposto casares em Bóston no fim de Junho.

– Queres vender estes quadros daqui a um mês?

– Terminamos o catálogo geral daqui a dez dias, é possível que ainda tenha tempo.

– Saberá o teu cérebro que não estás a falar seriamente quando dizes isso?

– Pois, eu sei que é uma aposta louca, mas não tenho alternativa – resmungou Peter.

– Não penso que sejas louco, isso é bem mais do que loucura!

– Jonathan, aquele artigo pôs o escritório de pernas para o ar. Ontem, nos corredores, as pessoas olhavam para mim como se eu estivesse a morrer.

– Estás totalmente paranóico!

– Quem me dera – suspirou Peter. – Não, garanto-te, as coisas estão a complicar-se, esta venda pode salvar-me e preciso de ti como nunca precisei antes. Tens de conseguir que sejamos nós a ocuparmo-nos do teu velho pintor. Se esta adjudicação nos escapasse, acho que eu nunca recuperaria, e tu também não, aliás.

Nessa semana, os escritórios londrinos da Christie's estavam em plena efervescência. Peritos, vendedores e comissários sucediam-se nas diferentes salas de reunião. Os especialistas de cada departamento cruzavam-se nelas de manhã à noite, reunindo-se para estabelecer os calendários das vendas das diferentes sucursais espalhadas pelo mundo, validar os catálogos e repartir as obras principais entre os leiloeiros. Peter tinha de convencer os seus associados a deixarem-no levar os quadros de Vladimir Radskin para Bóston. Daí a pouco mais de um mês, ocorreria uma venda conduzida por ele de telas de mestres do século XIX e as revistas de arte internacionais não deixariam de a comentar. Alterar os programas não era algo que os seus patrões fizessem habitualmente. Peter sabia que a coisa era difícil e, na sua solidão, acabava por duvidar de si próprio.

Passava um pouco das 10 horas quando Jonathan chegou diante do n.º 10 de Albermarle Street. Clara já lá se encontrava. Através da montra, ela viu-o descer do táxi e atravessar a rua em direcção ao pequeno café. Passados alguns minutos, saiu com dois grandes *capuccinos* em copos de cartão e ela abriu-lhe a porta. Cerca das 11 horas, o camião da Delahaye Moving estacionou junto do passeio em frente da galeria. A caixa que continha a segunda tela foi colocada sobre dois cavaletes no centro da sala, e Jonathan sentiu dentro de si uma grande impaciência carregada de recordações. De uma parte da infância da qual nunca soubera totalmente livrar-se, ele conservara intacta a capacidade de se maravilhar. Quantos adultos em seu redor tinham esquecido esse sentimento extraordinário? Por mais antiquado que isso possa parecer a alguns, Jonathan podia entusiasmar-se com a cor de uma tarde, com o cheiro de uma estação, com o sorriso no rosto de uma transeunte anónima, com o olhar de uma criança, com o gesto de um velho ou ainda com uma dessas simples atenções do coração capazes de alimentar o quotidiano. E ainda que Peter troçasse dele de vez em quando, Jonathan jurara a si próprio que permaneceria fiel toda a sua vida à promessa que fizera um dia ao seu pai, a de nunca deixar de se maravilhar. Esconder a sua impaciência parecia-lhe ainda mais difícil do que no dia anterior. Talvez tivesse ainda de esperar para descobrir a obra com que tanto sonhava e que talvez nem sequer fizesse parte daquela colecção, mas Jonathan acreditava na sua boa estrela.

Ele observava os homens das mudanças a despregarem uma a uma as tábuas de madeira clara. A cada prancha retirada meticulosamente pelo chefe de equipa, o seu coração batia com um pouco mais de força. Clara, ao seu lado, cruzava os dedos atrás das costas, também ela a tremer de impaciência.

– Gostaria que arrancassem estas madeiras depressa, para o ver imediatamente – murmurou Jonathan.

– É porque eles vão fazer exactamente o contrário que os escolhi! – respondeu Clara em voz baixa.

A caixa era maior que a da véspera, e os homens demorariam ainda uma boa hora a desembalar o quadro. Decidiram fazer uma pausa e foram encostar-se ao camião para apanharem um pouco de sol. Clara fechou a galeria e convidou Jonathan a ir tomar ar. Subiram a rua a pé e subitamente ela acenou a um táxi.

– Já passeou ao longo do Tamisa?

Eles caminhavam ao longo dos cais, sob a copa das árvores. Jonathan respondia a todas as perguntas que Clara lhe fazia. Ela perguntou-lhe o que o tinha feito decidir ser perito, e, sem se dar conta, abriu uma janela para o passado dele. Sentaram-se num banco e Jonathan contou-lhe aquela tarde de Outono em que o seu pai o levara pela primeira vez a um museu. Descreveu-lhe as proporções da sala imensa onde tinham entrado. O pai tinha largado a sua mão, um sinal de liberdade. A criança parara de repente diante de um quadro. O homem que estava pintado na tela pendurada no centro da grande parede parecia olhar apenas para ele.

– É um auto-retrato – tinha murmurado o seu pai –, ele pintou-se a si próprio, como muitos pintores o fizeram. Apresento-te Vladimir Radskin.

E o rapazinho, cúmplice, começara a brincar com o velho pintor. Quer se escondesse atrás de uma coluna, quer percorresse a sala de um lado para o outro, depressa ou devagar, quer avançasse ou recuasse, o olhar seguia-o, a ele e apenas a ele. E mesmo quando semicerrava as pálpebras, sabia que «o homem da pintura» continuava a fixá-lo. Fascinado, aproximara-se do quadro e perdera a noção das horas que passara diante dele. Como se todos os relógios num raio de mil léguas tivessem renunciado ao seu tiquetaque, como se duas épocas se unissem pela força de um único sentimento, de um olhar. E do alto dos seus doze anos, Jonathan pusera-se a imaginar. Por meio de uma pincelada num quadro que desafiava todas as regras da física, o olhar de um homem saltava mais de um século e dizia-lhe palavras que apenas uma criança pode compreender. O seu pai sentara-se atrás dele, num banco. Jonathan contemplava a tela, cativado; o pai contemplava o filho, o seu mais belo quadro.

– E se ele não o tivesse levado ao museu nesse dia, o que teria feito da sua vida? – perguntou Clara com uma voz tímida.

Teria sido o seu pai, esse homem com um eterno sorriso na boca, quem guiara os seus passos na direcção daquele pequeno quadro pendurado na parede, teria sido o destino, ou ter-se-iam confundido os dois naquele dia? Jonathan não respondeu. Em vez disso perguntou por sua vez a Clara o que é que a ligava ao velho pintor. Ela sorriu, olhou ao longe o relógio da torre do Big Ben, levantou-se e chamou um táxi.

– Temos ainda muito trabalho à nossa frente – disse ela.

Jonathan não insistiu, ainda iria passar mais dois dias – e se a sorte lhe sorrisse e o quinto quadro existisse realmente, talvez mesmo três – na sua companhia.

Na manhã seguinte, Jonathan juntara-se a Clara e os camionistas tinham entregue o quadro do dia. Mas enquanto o desembalavam, um *Austin mini* resplandecente parou em frente da montra. Um jovem saiu dele e entrou na galeria, carregado de papéis. Clara fez-lhe um sinal e desapareceu nas traseiras. O desconhecido, silencioso, observava Jonathan há dez minutos, quando Clara reapareceu vestida com umas calças de couro e uma blusa desenhada por um grande costureiro. Jonathan estava fascinado pela doçura sensual que emanava dela.

– Estaremos de volta daqui a duas horas – disse Clara ao jovem.

Pegou apressadamente nos dossiês que ele deixara sobre a mesa, dirigiu-se para a porta e virou-se para Jonathan.

– Venha comigo – disse ela.

No passeio inclinou-se na direcção dele e murmurou:

– Ele chama-se Frank, trabalha na minha outra galeria. Arte contemporânea! – acrescentou ela, ajustando a blusa.

Jonathan, um pouco atónito, abriu-lhe a porta do carro. Clara entrou e instalou-se no assento do lado contrário, passando por cima da alavanca das mudanças.

– Aqui o volante é do outro lado – disse ela rindo e fazendo roncar o motor do *Cooper*.

A galeria do Soho era cinco vezes maior que a de Mayfair. As obras que ali estavam expostas não eram da competência de Jonathan, mas ele reconheceu nas paredes três Basquiat, dois Andy Warhol, um Bacon, um Willem de Kooning e, no meio de muitas outras obras, algumas esculturas modernas, nomeadamente uma de Giacometti e outra de Chillida.

Clara discutiu durante meia hora com um cliente, sugeriu a um assistente que trocasse dois quadros de lugar, verificou a limpeza de um móvel passando discretamente um dedo sobre ele, assinou dois cheques que uma jovem de cabelos ruivos com algumas madeixas verdes lhe apresentou num pequeno cesto cor-de-laranja. Escreveu em seguida no computador uma carta que também poderia perfeitamente ter sido uma obra de arte e depois, satisfeita, propôs a Jonathan que fosse com ela visitar um colega. Pediu que avisassem Frank que teria de ficar durante mais algum tempo em Mayfair e, depois de se terem despedido das quatro pessoas que trabalhavam na sua galeria, regressaram ao pequeno carro.

Clara percorreu as ruas estreitas do Soho com uma condução enérgica e conseguiu introduzir-se no único lugar livre em Greek Street. Jonathan esperou enquanto ela negociava a aquisição de uma escultura monumental com um negociante de arte. Chegaram ao n.º 10 de Albermarle

Street ao início da tarde. O quadro não era o que ele estava à espera de descobrir, mas a sua beleza compensou a decepção de Jonathan.

A chegada do fotógrafo assinalou o fim de uma intimidade efémera na qual ambos, sem nunca o confessarem, se sentiam felizes. Enquanto Jonathan fazia a peritagem da tela, Clara pôs-se a arrumar papéis na sua secretária e a redigir algumas notas. De vez em quando, levantava os olhos e observava-o; de vez em quando, ele fazia o mesmo, e das raras vezes em que os seus olhares se surpreenderam um ao outro desviaram-se imediatamente.

Peter tinha passado o dia na Christie's a reunir os elementos necessários para a preparação da sua venda. Recuperara as fotos feitas no dia anterior e estava a seleccionar as que poderiam figurar no seu catálogo. Quando não se encontrava junto de um dos administradores a entar convencê-lo de que conseguiria organizar tudo a tempo, fechava-se na sala dos arquivos. Diante do ecrã de um computador ligado a um dos maiores bancos de dados privados do mundo sobre as vendas de obras de arte, ele escolhia e arquivava todos os artigos recenseados e todas as iconografias reproduzidas desde há um século sobre a obra de Vladimir Radskin. O conselho de administração que decidiria o seu caso fora adiado para o dia seguinte e Peter tinha a impressão, à medida que as horas iam passando, que o colarinho da sua camisa estava cada vez mais apertado.

Encontrou-se com Jonathan no hotel para o acompanhar numa noite mundana, justamente aquilo que Jonathan mais odiava. O trabalho exigia-o, no entanto, e ele fez boa figura no decorrer do espectáculo de *music-hall* a que assistiam os grandes coleccionadores e os grandes compradores dos museus. No fim da representação, Jonathan dirigiu-se directamente ao hotel. Ao percorrer as ruas de Covent Garden, pensava na vida que decorria ali antigamente. As fachadas resplandecentes eram decrépitas, as ruas daquele bairro, hoje em dia um dos mais apreciados da grande metrópole, eram então miseráveis e insalubres. Algures, à luz fraca de um dos candeeiros que iluminavam o pavimento brilhante, poderia ter-se cruzado há cento e cinquenta anos, numa daquelas ruelas, com um pintor russo que esboçava com um pedaço de carvão afiado os transeuntes que se atarefavam em redor do mercado.

Peter, quanto a ele, tinha encontrado uma antiga amiga italiana de passagem por Londres. Hesitara uns instantes em convidá-la a ir tomar uma última bebida. Afinal de contas, a sua reunião teria lugar no início da tarde, o momento do dia em que ele começava a sentir-se inspirado. Já seria meia-noite quando ele entrou num clube agarrado a Méléna.

Jonathan levantou-se cedo, Peter não estava no *hall* como tinham combinado e ele aproveitou para dar um passeio até à galeria, num passo ligeiro. Encontrou a grade fechada, comprou um jornal e esperou por Clara no café. O jovem Frank encontrou-o aí um pouco mais tarde e entregou-lhe um envelope. Jonathan abriu-o.

Caro Jonathan,

Peço-lhe desculpa pela minha ausência, não poderei ir ter consigo esta manhã. O Frank receberá o quadro por mim e, claro está, as portas da galeria estão abertas para si. Sei que estará impaciente por descobrir qual é o quadro do dia, e posso dizer-lhe que é maravilhoso. Desta vez, deixo a iluminação totalmente a seu cargo, tenho a certeza de que fará um excelente trabalho. Irei ter consigo assim que puder. Desejo-lhe um magnífico dia junto de Vladimir. Gostaria de poder estar na companhia dos dois.

Afectuosamente, Clara.

Com um ar sonhador, Jonathan dobrou o bilhete e guardou-o no bolso. Quando levantou a cabeça, o jovem já se encontrava no interior da galeria. O camião da Delahaye Moving estacionou junto do passeio. Jonathan continuou sentado ao balcão e voltou a ler o bilhete de Clara. Foi ter com Frank por volta das 11 horas; ao meio-dia ainda não tinham trocado uma única palavra. O chefe da equipa informou-os que desembalar o quadro demoraria ainda algum tempo. Jonathan olhou o seu relógio e suspirou; nem sequer tinha vontade de se debruçar sobre as telas já penduradas.

Dirigiu-se à montra, começou por contar os carros que passavam, tentou em seguida adivinhar o tempo que o guarda levaria para passar uma multa no passeio do outro lado da rua, contou sete clientes a entrarem no café, dos quais quatro consumiram qualquer coisa, calculou que o poste de iluminação pública devia medir cerca de dois metros e dez. Um *Cooper* vermelho subiu a rua mas não parou. Jonathan suspirou, dirigiu-se ao escritório de Clara e pegou no telefone.

– Onde estás? – perguntou a Peter.

– No inferno! Estou com uma ressaca monstruosa e a minha reunião foi adiantada uma hora.

– Estás preparado?

– Já tomei quatro aspirinas, se é isso que queres saber, e já estou a pensar na quinta. Mas que voz é essa? – perguntou-lhe Peter, quando já ia desligar.

– O que é que tem a minha voz?

– Nada, dir-se-ia apenas que vais ao enterro da tua avó.

– Não, infelizmente, meu caro, isso já aconteceu.

– Peço-te desculpa, estou nervoso.

– Estou do teu lado, coragem, vai correr tudo bem.

Jonathan pousou o auscultador e observou Frank, que se afadigava nas traseiras da galeria.

– Trabalha aqui há muito tempo? – perguntou-lhe, tossicando.

– Há três anos que a senhora Clara me contratou – respondeu o jovem empurrando uma caixa cheia de dossiês.

– Entendem-se bem os dois? – perguntou Jonathan.

Frank olhou-o perplexo e regressou ao seu trabalho. Jonathan rompeu de novo o silêncio uma hora mais tarde, propondo ao jovem irem comer um hambúrguer. Frank era vegetariano.

Peter entrou na sala de reuniões e instalou-se no único lugar que se encontrava livre em redor da grande mesa de mogno. Ajustou a cadeira e esperou a sua vez de intervir. Cada vez que um dos seus colegas tomava a palavra, tinha a sensação de que uma divisão de tanques com lagartas enferrujadas subia pelos seus tímpanos acima a fim de treinar tiro ao alvo contra as suas têmporas. Os debates eternizavam-se. O colega à sua direita terminou a sua apresentação, e Peter foi finalmente convidado a iniciar a sua. Os membros do conselho consultaram o dossiê que ele havia distribuído. Peter falou pormenorizadamente do calendário dos seus leilões e concentrou particular atenção naquele que organizaria em Bóston no final do mês de Junho. Quando afirmou que gostaria de poder contar nesse leilão com os quadros de Vladimir Radskin recentemente anunciados, um murmúrio percorreu a assembleia. O director que presidia à sessão tomou a palavra. Recordou a Peter que a cliente que propunha as pinturas de Radskin era uma eminente galerista e que, se ela confiasse as obras desse pintor à Christie's, tinha o direito de esperar que se ocupassem dos seus interesses com a maior consideração. Não havia nenhuma necessidade de precipitar as coisas. As vendas que iriam ocorrer em Londres no segundo semestre conviriam perfeitamente.

– Todos nós lemos esse artigo e lamentamos muito, meu caro Peter, mas duvido que consiga criar um acontecimento em redor de Radskin, no fim de contas não se trata de Van Gogh! – concluiu alegremente o director.

Os risos contidos dos seus colegas puseram Peter fora de si, mas deixaram-no sem argumentos.

Uma assistente entrou, carregando uma bandeja com um pesado bule de prata. Os debates interromperam-se enquanto ela dava a volta à mesa e enchia novamente as chávenas dos que o desejavam. Pela porta que ficara aberta, Peter viu James Donovan sair de um escritório. Donovan era o contacto que lhe tinha enviado a mensagem para Bóston, num certo domingo.

– Desculpem-me um instante – disse ele gaguejando, antes de se precipitar para o corredor.

Agarrou Donovan pela manga e agastaram-se um pouco.

– Diga-me lá uma coisa – disse Peter entredentes e num tom grave –, deixei-lhe seis mensagens em dois dias, terá por acaso perdido o meu número?

– Bom dia, senhor Gwel – respondeu sobriamente o seu interlocutor.

– Porque é que não me ligou? Também dá demasiada atenção aos jornais?

– Roubaram-me o telemóvel e não faço ideia a que é que se está a referir, senhor Gwel.

Peter fez um esforço para se acalmar. Tirou uns grãos de pó imaginários da lapela do fato de Donovan e arrastou-o para um pouco mais longe.

– Tenho uma pergunta terrivelmente importante para lhe fazer, e o meu caro amigo vai tentar reunir toda a massa cinzenta que tiver e dar-me a única resposta que eu quero ouvir.

– Farei o melhor que puder, senhor Gwel – respondeu Donovan.

– No que diz respeito a Radskin, escreveu realmente na sua mensagem que estavam anunciados cinco quadros?

O jovem tirou do bolso do casaco um pequeno caderno de couro, folheou-o num sentido e depois no outro, voltou atrás, parou finalmente numa página e disse com um ar encantado:

– Foi precisamente isso, senhor Gwel.

– E posso saber precisamente como obteve tal número? – perguntou Peter no cúmulo do desespero.

O seu informador explicou-lhe que uma galeria tinha contactado a Christie's e que ele fora enviado a um encontro na sexta-feira anterior, às 14h30, no n.º 10 de Albermarle Street. Fora a directora da galeria em pessoa que o recebera e lhe dera todas as informações. Ao regressar ao escritório às 16 horas, redigira um relatório que entregara ao seu director de departamento, às 16 h 45. Este último perguntou se algum leiloeiro da casa estava ligado àquele pintor e a senhora Blenz, do departamento das investigações, mencionara o nome de Peter Gwel, que trabalhava regularmente com Jonathan Gardner, perito e especialista de Vladimir Radskin.

– Enviei-lhe o mais rapidamente que pude uma mensagem electrónica, que escrevi em minha casa no sábado ao fim da tarde.

Peter olhou-o fixamente e disse com uma voz lacónica:

– É de facto muito preciso, Donovan.

Depois de lhe ter agradecido, inspirou profundamente e voltou a entrar na sala.

– Tenho uma excelente razão para querer apresentar esses quadros em Bóston no dia 21 de Junho – anunciou ele orgulhosamente à assembleia.

A comissão tomou a sua decisão final: se esse quinto quadro existisse realmente e fosse de facto a obra-prima do pintor, e se Jonathan Gardner se comprometesse a fazer a sua peritagem o mais rapidamente possível, então, nesse caso e apenas nesse caso, Peter poderia organizar a sua venda em Junho. Antes de o deixar abandonar a sala, o director dirigiu-lhe um aviso formal. Nenhum erro naquele percurso que lhe parecia cheio de incógnitas seria tolerado; Peter empenhava os seus créditos de leiloeiro e assumia a total responsabilidade perante os seus pares.

Clara não aparecera na galeria durante todo o dia. Uma chamada a meio da tarde justificara a sua ausência. Jonathan, com a ajuda do jovem Frank, tinha pendurado e iluminado o quarto quadro da semana, e consagrara o tempo restante à sua peritagem. Enquanto o fotógrafo tirava as fotos, Jonathan dirigira-se ao café. Ao procurar moedas no bolso, encontrara o guardanapo de papel que estendera a Clara no momento em que se conheceram. Aspirou o aroma a almíscar que ainda se desprendia dele. Foi a pé até ao hotel. Peter foi ter com ele no início da noite. Quase não falaram um com o outro, pois estavam ambos perdidos nos seus próprios pensamentos. Peter, esgotado e com dores de cabeça, subiu directamente para o seu quarto a fim de se deitar.

De regresso ao seu, Jonathan deixou uma mensagem a Anna no gravador e estendeu-se sobre a cama com a intenção de rever as suas notas do dia.

Clara tinha fechado a cortina da galeria do Soho depois de um dia de trabalho esgotante. Era a hora do fim dos espectáculos e ela mudou de itinerário para evitar os engarrafamentos.

Jonathan ligou a televisão. Depois de ter dado uma vista de olhos a todos os canais, levantou-se e aproximou-se da janela. Alguns carros dirigiam-se a grande velocidade para Park Lane. Observou as listas de luz que se estendiam até ao horizonte. Um *Cooper* vermelho diminuiu de velocidade no cruzamento e afastou-se em direcção a Notting Hill.

4

Aquela sexta-feira do início de Junho talvez fosse um dos dias mais importantes da sua vida. Jonathan já se levantara. A avenida deserta debaixo das suas janelas era testemunha da hora ainda muito matinal. Sentou-se na secretária, num dos cantos do quarto, e redigiu a carta que enviaria a Anna por faxe antes de partir.

Clara,

Tentei falar-te todas as noites, mas sem sucesso. Deverias gravar uma mensagem no nosso gravador, pelo menos ouviria a tua voz quando ligo para casa. À hora a que escrevo estas palavras, ainda estás a dormir. O sol aqui está a nascer e gostaria muito que estivesses comigo, sobretudo hoje. Talvez esta manhã veja finalmente esse quadro com o qual sonho há tantos anos. Não quero ser exageradamente optimista, mas ao longo destes dias londrinos acabei por aceitar a ideia de que isso vai suceder. Estarei a chegar ao fim de uma busca que dura há cerca de vinte anos?

Recordo as minhas noites de estudante em que, sozinho no meu quarto, lia durante horas as obras raras que sugeriam a existência desta obra única. O último quadro de Vladimir constituirá a minha mais bela peritagem. Esperei tanto tempo por ela!

Teria desejado que estes momentos que me afastam de nós não coincidissem com os preparativos do nosso casamento. Mas talvez estes dias nos façam bem aos dois. Queria regressar a Bóston e encontrar-te sem todas as tensões que nos separam há longas semanas.

Penso em ti, espero que estejas bem, dá-me notícias tuas.

Jonathan

Dobrou a carta, meteu-a no bolso do casaco e decidiu caminhar no ar tépido da manhã recém-nascida. Confiou a carta ao porteiro ao passar diante da recepção e saiu para a rua. Do outro lado da avenida, o parque oferecia-se aos visitantes. As árvores já tinham folhas e os canteiros de flores rivalizavam em beleza. Jonathan foi até à pequena ponte que atravessava o lago central. Olhou os majestosos pelicanos que ondulavam sobre a água calma. Ao subir a alameda, pensou que teria gostado de viver nesta cidade, que tão familiar lhe parecia. Uma hora passara, decidiu voltar para trás e ir a pé até à galeria. Instalou-se no pequeno café à espera que Clara chegasse. O *Austin* estacionou diante da porta azul. Clara introduziu a chave na pequena caixa do alarme presa à parede e a cortina de ferro gradeada começou a subir, como que dando início ao dia. Clara parecia hesitar, a grade imobilizou-se a meia altura e voltou a descer. Ela virou-se e atravessou a calçada.

Entrou num passo decidido e foi ter com ele dois minutos depois, levando duas chávenas nas mãos.

– *Capuccino* sem açúcar! Cuidado, estão a ferver.

Jonathan olhou-a estupefacto.

– Para conhecer os hábitos de uma pessoa basta vê-la viver durante algum tempo – disse ela, pousando a chávena à frente dele.

Clara levou a bebida aos lábios.

– Gosto do céu – disse ela –, a cidade é tão diferente quando o tempo está bom.

– O meu pai dizia-me que quando uma mulher fala do tempo é porque procura evitar outros assuntos – respondeu Jonathan.

– E o que dizia a sua mãe?

– Que quando era esse o caso, a última coisa a fazer era chamar-lhe a atenção para isso.

– A sua mãe tinha razão.

Olharam-se por uns instantes e no rosto de Clara desenhou-se um grande sorriso.

– Claro que você é casado, não é verdade?

Peter entrou no café precisamente nesse momento. Cumprimentou Clara e dirigiu-se imediatamente a Jonathan.

– Tenho de falar contigo.

Clara pegou na sua carteira, olhou fixamente Jonathan e declarou que tinha de ir abrir a galeria, que os deixava para poderem falar um com o outro.

– Não interrompi nenhuma conversa, espero? – perguntou Peter pegando na chávena de Clara.

– Mas que cara é essa? – perguntou Jonathan.

– Sabes, quando dizemos «morte aos cretinos» temos de ser prudentes, pois corremos o risco de provocar uma verdadeira hecatombe! Os meus associados ingleses preparam-se para voltar atrás na sua decisão. Dizem que, como Radskin pintou uma grande parte da sua obra em Inglaterra, é em Inglaterra que os seus quadros devem ser leiloados.

– Vladimir era russo, não era inglês!

– De facto, agradeço-te, já lhes disse isso.

– O que pensas fazer?

– O que é que já fiz, queres tu dizer? Impus que este leilão se efectue no lugar onde vive o maior perito no assunto.

– Ah sim?

– És tu, imbecil, o maior perito no assunto!

– Sabes, é que me dá prazer ouvir isso da tua boca...

– O problema é que o conselho não vê qualquer inconveniente em tomar à sua conta a tua estadia em Londres, e durante o tempo que julgares necessário.

– É simpático da parte deles.

– Comeste alguma coisa ao pequeno-almoço que te fez mal? Sabes perfeitamente que é impossível!

– E porquê?

– Porque te casas daqui a três semanas em Bóston e o meu leilão ocorrerá dois dias depois! Esta galerista está a dar-te a volta ao miolo, meu caro, estou mesmo muito preocupado contigo.

– Eles aceitaram essa desculpa?

– Não concordam com a minha pressa, são uns conservadores. Preferiam esperar pelo início da estação, em Setembro.

– E não pensas que seria de facto melhor? Também nós teríamos mais tempo.

– Penso que me arrastas para as tuas conferências há dez anos, penso que Radskin merece um grande leilão, e que são os de Junho os que reúnem mais coleccionadores.

– Eu, quanto a mim, penso que serão os quadros de Vladimir que farão com que o teu leilão seja excepcional, penso que temes as más-línguas da crítica, e penso igualmente que sendo teu amigo te ajudarei o melhor que puder.

Peter olhou-o dos pés à cabeça.

– E eu penso que não te falta lata!

– Peter, ouve bem: se tiver sorte e se esse último quadro aparecer hoje, a peritagem representará um trabalho considerável, terei de fazer investigações, e já tenho quatro relatórios para redigir.

– Se tivermos sorte, organizaremos o leilão da década. Agora deixo-te e faz com que na segunda-feira tenhamos assinado um contrato com a deliciosa jovem que trabalha ali do outro lado da rua. Se este leilão me escapasse, a minha carreira sofreria um abalo dos grandes, conto mesmo contigo!

– Farei o melhor que puder.

– Mas não demasiado, em todo o caso, recordo-te que sou a tua testemunha! Ainda te lembras?

– Por vezes és mesmo vulgar, meu caro.

– Sim, mas dá-me prazer ouvi-lo da tua boca!

Peter deu uma palmadinha no ombro do seu amigo e saiu do café. Jonathan viu-o apanhar um táxi e deixou por sua vez o estabelecimento.

Deteve-se no passeio e observou Clara através da montra. Ela estava a regular a iluminação da tela que chegara no dia anterior. Com um semblante no qual se detectava algum incómodo, desceu do escadote e foi abrir a porta a Jonathan. Ele não fez qualquer observação e limitou-se a olhar para o relógio. O camião já não deveria tardar e a sua impaciência estava no auge. Passou a manhã junto dos quatro quadros. De quinze em quinze minutos, levantava-se e olhava discretamente para a rua. Atrás da sua secretária, Clara observava-o pelo canto do olho. Ele aproximou-se novamente da montra e contemplou o céu.

– Dir-se-ia que o tempo vai ficar encoberto – disse ele.

– Também é verdadeiro no que se refere aos homens? – perguntou Clara levantando a cabeça.

– O que é que é verdadeiro no que se refere aos homens?

– As conversas sobre o tempo!

– Suponho que sim – respondeu Jonathan, incomodado.

– Reparou que as ruas estão desertas? É feriado em Inglaterra. Ninguém trabalha... excepto nós. E como é sexta-feira, as pessoas aproveitam para fazer um fim-de-semana prolongado. Os londrinos adoram ir ao campo. Eu própria também vou à minha casa, esta tarde.

Jonathan olhou Clara e sem dizer uma palavra regressou ao trabalho, furioso. Era meio-dia, as lojas da rua estavam fechadas. Jonathan levantou-se e informou Clara de que ia tomar um café em frente. Já ele estava a transpor a porta quando ela pegou na gabardina de cima de uma cadeira e o seguiu.

– Não seja assim impaciente, essa cara não lhe fica nada bem. Tive uma ideia – disse ela. – Vou mudar de planos, esta noite ficarei em Londres. Como será noite, não poderemos falar do tempo, e além disso já sei o tempo que vai fazer este fim-de-semana, chuva no sábado e sol no domingo, ou o inverso, aqui nunca se sabe!

Entraram no pequeno café. Durante a tarde, Clara confiou-lhe a galeria e deixou-o a trabalhar sozinho.

Jonathan andava às voltas. Peter ligou-lhe por volta das 17 horas.

– Então? – perguntou ele num tom impaciente.

– Então nada – respondeu Jonathan com uma voz aborrecida.

– Como nada?

– Nada, com quatro letras! Não posso fazer melhor.

– Merda!

– Ainda que com outras palavras, partilho a tua opinião.

– Então estamos tramados – resmungou Peter.

– Talvez não completamente, ninguém está ao abrigo de uma boa notícia.

– Trata-se de uma intuição ou de uma esperança? – perguntou Peter.

– Talvez das duas coisas – confessou Jonathan timidamente.

– É exactamente o que eu temia, fico à espera que me dês notícias! – concluiu Peter, desligando o telefone.

O imperturbável Frank passou ao fim da tarde para fechar a galeria. Clara estava ocupada, iria ter com Jonathan à morada que o jovem colaborador anotara num pedaço de papel.

Ao passar no seu hotel, Jonathan não encontrou qualquer resposta à mensagem que enviara a Anna. Depois de trocar de roupa ligou de novo o número de Bóston. Continuava a ser a sua própria voz a que ouvia no gravador. Suspirou e desligou sem deixar qualquer mensagem.

Clara marcara o encontro num pequeno bar no bairro de Notting Hill, que estava na moda. A luz discreta e a música tornavam o lugar agradável. Ela ainda não chegara e Jonathan decidiu esperá-la ao balcão. Mudava de lugar pela décima vez uma taça cheia de amêndoas que estava à sua frente quando a viu transpor a porta. Levantou-se imediatamente. Debaixo da leve gabardina, o vestido preto de Clara colava-se no corpo. Viu Jonathan.

– Peço-lhe desculpa, estou atrasada. A polícia bloqueou o meu carro e quase não há táxis.

Jonathan reparou nos olhares que se tornavam atentos à passagem de Clara. Observou-a enquanto ela dava uma vista de olhos na carta dos *cocktails*. Os traços da sua boca desenhavam-se sob as maçãs do rosto à luz da vela pousada no balcão. Jonathan esperou que o *barman* se afastasse e depois inclinou-se timidamente na direcção de Clara.

Começaram a falar ao mesmo tempo e as suas duas vozes misturaram-se.

– Diga lá! – exclamou Clara rindo.

– Esse vestido fica-lhe maravilhosamente.

– Tentei seis e quase mudava de opinião no táxi.

– Comigo é a gravata... quatro vezes.

– Mas está de gola alta!

– Não consegui decidir-me.

– Estou contente por jantar consigo – disse Clara brincando por sua vez com as amêndoas.

– Eu também – respondeu Jonathan.

Clara pediu conselho ao *barman*. Ele recomendou-lhe um excelente *sancerre*, mas Clara não parecia convencida. O rosto de Jonathan iluminou-se e apressou-se a dizer ao *barman* num tom alegre:

– A minha mulher prefere vinho tinto.

Clara abriu muito os olhos, mas recompôs-se rapidamente. Estendeu a carta a Jonathan e disse que deixaria o seu marido escolher por ela, pois ele nunca se enganava sobre os seus gostos. Jonathan pediu dois copos de *pomerol* e o homem deixou-os sozinhos.

– Quando está relaxado, parece um adolescente. O humor fica-lhe bem.

– Se me tivesse conhecido em adolescente, não diria isso.

– Como era?

– Para conseguir ser engraçado em frente de uma mulher, precisava de seis meses pelo menos...

– E agora?

– Agora a coisa melhorou muito, com a idade sinto-me mais seguro de mim próprio, três meses são suficientes!

Para ser sincero, creio que me sinto mais à vontade a falar do tempo – murmurou Jonathan.

– Pois se isto o ajuda, eu sinto-me completamente à vontade na sua companhia – disse Clara corando.

Havia demasiado fumo, Clara quis ir apanhar ar fresco. Saíram do estabelecimento. Jonathan chamou um táxi que os levou até aos cais do Tamisa. Puseram-se a caminhar no longo passeio que ladeia o rio tranquilo. A lua reflectia-se na água calma. Uma leve aragem agitava docemente as folhas dos plátanos. Jonathan interrogou Clara sobre a sua infância. Por razões que ninguém pudera elucidar, ela fora viver com a avó quando tinha quatro anos e aos oito fora enviada para um internato em Inglaterra. Nunca lhe faltara nada, e essa avó rica ia vê-la todos os anos no dia do seu aniversário. Clara guardava uma recordação eterna da única vez em que ela a fizera evadir-se dos muros da sua escola, dia em que completava dezasseis anos.

– É engraçado – acrescentou ela –, diz-se que não nos lembramos de nada de preciso antes dos três anos e, no entanto, a imagem do meu pai no fundo da rua onde morávamos continua presente em mim. Enfim, pelo menos penso que era ele. Acenava desajeitadamente, como que a dizer-me adeus, e depois entrava num carro e partia.

– Se calhar sonhou isso?

– É possível, em todo o caso nunca soube onde ele ia.

– E nunca mais voltou a vê-lo?

– Nunca, embora o esperasse durante todo o ano. O Natal era uma época estranha. A maioria das raparigas ia para casa e eu, até aos treze anos, rezava para que os meus pais me fossem ver.

– E depois?

– Rezava pelo contrário, para que não me fossem arrancar àquele lugar que eu finalmente conseguira transformar na minha casa. É difícil de compreender, eu sei. Em miúda sofria por nunca ficar muito tempo no mesmo lugar, quando vivia com os meus pais nunca dormíamos mais de um mês debaixo do mesmo tecto.

– E porque é que estavam sempre a mudar?

– Não faço ideia, a minha avó nunca mo quis dizer. Nunca consegui saber nada de ninguém.

– E o que fizeram nesse dia em que festejava os dezasseis anos?

– A minha protectora, como eu chamava à minha avó, foi buscar-me ao internato num magnífico automóvel. Sei que é idiota, mas se visse como eu estava orgulhosa diante das outras raparigas! Não porque o carro fosse um *Bentley* formidável, mas por ser ela a conduzi-lo. Atravessámos Londres, onde, apesar de todos os meus choros, ela não quis parar. Então engoli com os olhos o mais depressa que pude as fachadas das velhas igrejas e dos *pubs,* as ruas cheias de peões, tudo o que desfilava pela janela, e sobretudo as margens do Tamisa.

E desde esse dia, Clara tivera sempre um encontro marcado em algum lugar com um rio. Em cada uma das suas viagens, ela gostava de fugir de todas as obrigações para ir caminhar perto das águas calmas, levantar a cabeça debaixo dos arcos das pontes que juntam as margens de uma cidade. Nenhum cais tinha segredos para ela. Caminhando ao longo do Vltava em Praga, do Danúbio em Budapeste, do Arno em Florença, do Sena em Paris ou do Yangtzé em Xangai, o rio mais carregado de mistérios, ela aprendia a história das cidades e dos seus homens. Jonathan falou-lhe das margens do rio Charles, do velho porto de Bóston, onde tanto gostava de passear. Prometeu fazê-la visitar as ruas empedradas do mercado ao ar livre.

– Onde iam nesse dia? – retomou Jonathan.

– Ao campo! Eu estava furiosa, pois vivia no campo! Dormimos num quarto de hotel cujos mínimos pormenores ainda poderia descrever. Lembro-me do tecido que forrava as paredes, da cómoda que chiava, do cheiro a madeira encerada da mesa-de-cabeceira contra a qual adormeci depois de lutar contra o sono. Queria ouvir a sua respiração ao meu lado, sentir a sua presença. Na manhã seguinte, antes de me deixar no internato, a minha avó levou-me até ao seu solar.

– Um belo solar?

– No estado em que estava, não se poderia dizer isso.

– Mas, nesse caso, porquê fazer uma tão longa viagem para lho mostrar?

– A minha avó era uma mulher curiosa. Ela levara-me ali para fazer um contrato comigo. Nós estávamos no carro diante do portão fechado e ela disse-me que com dezasseis anos já se tem idade para se dar a sua palavra.

– Que promessa deveria fazer?

– Aborreço-o com as minhas histórias, não é verdade? – perguntou Clara.

Sentaram-se num banco. O candeeiro sobre as suas cabeças iluminava-os na noite que acabara de cair. Jonathan suplicou-lhe que continuasse.

– Havia três, na realidade. Tinha de jurar que quando ela morresse deveria pôr imediatamente o solar à venda, e que nunca me aventuraria no seu interior.

– Porquê?

– Tem de saber quais eram as outras duas para poder compreender. A minha avó era uma temível negociadora. Ela queria que eu seguisse uma carreira científica, queria que eu fosse química. Devia ver em mim uma espécie de Marie Curie!

– Algo me diz que em relação a esse ponto não manteve a sua palavra.

– E isso não era nada ao lado da minha última obrigação! Tinha de prometer que nunca me aproximaria, de perto ou de longe, de tudo o que estivesse relacionado com o mundo da pintura.

– Efectivamente – disse Jonathan perplexo –, mas porquê, e qual era a contrapartida das suas promessas?

– Ela legava-me a totalidade da sua fortuna que, acredite, era considerável. Assim que prometi, fomos embora.

– Nem sequer entraram no solar nesse dia?

– Nem sequer saímos do carro.

– Venderam a propriedade?

– Eu tinha vinte e dois anos quando a avó morreu, e estava a estiolar no terceiro ano de química. Abandonei a faculdade de ciências nesse mesmo dia. Não houve cerimónia fúnebre porque, além de todas as suas outras extravagâncias, o notário não me podia dizer onde ela repousava.

E Clara, que tinha jurado nunca mais tocar num tubo de ensaio durante toda a sua vida, instalara-se em Londres a fim de estudar história da arte na National Gallery, passara depois um ano em Florença e terminara os seus estudos na escola de Belas-Artes de Paris.

– Eu também a frequentei – disse Jonathan entusiasmado –, se calhar estivemos lá ao mesmo tempo!

– Impossível – respondeu Clara fazendo uma careta. – Lamento que a coisa lhe tenha escapado, mas a verdade é que alguns anos nos separam!

Jonathan endireitou-se no banco, com um ar bastante embaraçado.

– Queria dizer que dei lá algumas conferências.

– E cada vez se enterra mais!

O tempo tinha passado sem que qualquer deles o notasse. Jonathan e Clara olharam-se, cúmplices.

– Já teve uma sensação de *déjà vu*? – perguntou ela.

– Sim, é algo que me sucede com frequência, mas neste caso é perfeitamente normal, estivemos a andar aqui ontem.

– Não me referia a isso – prosseguiu Clara.

– Para ser totalmente sincero, se não temesse uma banalidade aflitiva que me teria feito passar aos seus olhos por um imbecil, ter-lhe-ia de facto perguntado se não nos tínhamos já encontrado naquele café onde nos vimos pela primeira vez.

– Não sei se os nossos caminhos se cruzaram – disse ela olhando-o fixamente –, mas por vezes tenho a sensação de que já o conheço.

Ela levantou-se e eles abandonaram as margens do rio. Entraram lado a lado nos arredores da cidade. O movimento de um impalpável ponteiro dos segundos marcava o seu ritmo na noite silenciosa, como se o tempo os quisesse reter a ambos ali, na calçada deserta, na magia daquele instante, protegidos por um véu invisível para todos os outros. Os seus corpos ao tocarem-se inventavam um novo universo que se transformava imperceptivelmente, seguindo os seus passos. Um táxi preto avançou na sua direcção. Jonathan olhou Clara, com um sorriso triste nos lábios. Levantou o braço e o carro parou. Ele abriu a porta. No momento em que entrava, Clara voltou-se e disse-lhe com uma voz doce que tinha passado uma óptima noite.

– Eu também – respondeu Jonathan olhando para as pontas dos seus sapatos.

– Quando regressa a Bóston?

– Peter regressa amanhã... eu não sei.

Ela deu um passo na sua direcção.

– Então, até breve.

Ela beijou-o na cara. Era a primeira vez que as suas peles se tocavam, e também a primeira vez que o incrível fenómeno ocorreu.

Jonathan sentiu primeiro a cabeça a andar às voltas e o chão a desaparecer debaixo dos seus pés. Fechou os olhos e as suas pálpebras foram invadidas por milhares de estrelas. Uma estranha vertigem transportava-o para longe. As válvulas do seu coração abriram-se de par em par para deixar passar a torrente de sangue que afluía com violência às suas veias. As suas têmporas zumbiam. Progressivamente, a paisagem da rua à sua volta começou a mudar. No céu, as nuvens deslizaram para oeste a grande velocidade, deixando ver o círculo de uma lua brilhante. Os passeios cobriram-se de uma bruma rasante, e por trás do vidro de um velho candeeiro a chama de uma vela substituiu a luz eléctrica. O alcatrão refluiu da calçada com um rugido surdo deixando à mostra uma rua de madeira, tal como um mar retirando-se a toda a velocidade da praia. As fachadas das casas tornaram-se decrépitas, revelando velhos tijolos e pedaços de estuque. À direita de Jonathan, a grade de um beco sem saída surgiu, chiando nas suas velhas dobradiças enferrujadas.

Ouviu nas suas costas os cascos de um cavalo que se aproximava a galope. Queria voltar a cabeça, mas nenhum dos seus músculos respondia. Uma voz que ele não conseguia identificar soprava-lhe ao ouvido «depressa, depressa, despache-se, suplico-lhe». Jonathan sentiu os seus tímpanos quase a rebentar. O animal estava agora muito próximo. Embora não o pudesse ver, sentia a sua respiração, e a auréola fumegante que saía das suas narinas passou por cima do seu ombro. A vertigem aumentava, os seus pulmões comprimiam-lhe o coração.

Num derradeiro esforço tentou respirar. Ouviu a voz longínqua de Clara que o chamava; tudo se imobilizou.

Depois, lentamente, as nuvens esconderam de novo a lua, o alcatrão voltou a cobrir a rua de madeira, uma a uma as paredes das casas voltaram a revestir-se de tijolos bem ordenados. Jonathan abriu os olhos. O candeeiro cuja lâmpada mal enroscada piscava tinha reocupado o seu lugar, e o ruído cadenciado do motor do carro substituíra o da respiração de um cavalo desaparecido no seu atordoamento.

– Jonathan, está a sentir-se bem? – repetiu a voz de Clara pela terceira vez.

– Sim, acho que sim – respondeu ele voltando a si –, tive uma vertigem.

– Mas que susto apanhei, ficou branco como a cal!

– Deve ser a fadiga da viagem. Não se preocupe.

– Venha comigo, vou levá-lo ao hotel.

Jonathan agradeceu-lhe. O seu hotel não ficava longe, andar far-lhe-ia decerto bem e a noite estava agradável.

– Já está com outras cores – disse Clara mais tranquila.

– Sim, está tudo bem, garanto-lhe, foi uma ligeira vertigem sem importância. Volte para casa, já é tarde.

Clara hesitou alguns instantes antes de se meter no táxi. Fechou a porta e Jonathan ficou a ver o carro a afastar-se. Pela janela das traseiras, Clara também olhava para ele. O seu rosto desapareceu no brilho das luzes do táxi que acabava de virar no final da rua. Jonathan recomeçou a andar.

Tinha-se recomposto, mas algo continuava a perturbá-lo. O cenário que lhe aparecera na sua vertigem não lhe era totalmente desconhecido. Algo que surgia do fundo da sua memória fazia-o mesmo ter a certeza disso. Uma chuva fina começou a cair, ele parou, levantou a cabeça e ofereceu-lhe o seu rosto. Desta vez, debaixo das suas pálpebras, reviu Clara a entrar no bar, o momento delicioso em que ela tirara a gabardina, e depois o seu sorriso quando o vira sentado ao balcão. Nesse preciso momento, ele gostaria de voltar atrás com os ponteiros do tempo. Reabriu os olhos e afundou as mãos nos bolsos. Ao recomeçar a andar, os seus ombros pareceram-lhe estranhamente pesados.

No átrio do Dorchester saudou o porteiro com um aceno de mão e dirigiu-se para os elevadores. Junto às escadas mudou de opinião e subiu os degraus. Ao entrar no seu quarto, encontrou um envelope metido debaixo da porta, provavelmente o aviso de recepção do fax que enviara a Anna. Pegou nele e pousou-o sobre a secretária. Depois despiu o casaco encharcado, atirou-o para cima do cabide de pé e entrou na casa de banho. O espelho reflectia a palidez dos seus traços. Secou os cabelos com uma toalha, estendeu-se na cama, pegou no auscultador e ligou para o seu domicílio bostoniano. Deixou novamente uma mensagem a pedir a Anna que ligasse sem falta, pois já estava inquieto com a falta de notícias. Alguns minutos depois, a campainha do telefone tocou, Jonathan precipitou-se para o aparelho e levantou o auscultador.

– Mas onde tens andado, Anna? – perguntou ele imediatamente. – Liguei-te pelo menos umas dez vezes, já estava a ficar seriamente preocupado.

Depois de alguns segundos de silêncio, a voz de Clara respondeu.

– Sou eu, estava inquieta, queria apenas saber se regressou sem problemas ao hotel.

– É muito simpático da sua parte. A chuva acompanhou-me.

– Dei-me conta disso, precisamente, pensei que não tinha nem impermeável nem guarda-chuva.

– Pensou nisso?

– Sim.

– Não sei dizer porquê, mas isso reconforta-me, realmente.

Ela fez uma pausa.

– Jonathan, a propósito da nossa noite, queria dizer-lhe uma coisa muito importante.

Ele endireitou-se na cama, puxou o cobertor para se cobrir e reteve a respiração.

– Eu também – disse ele.

– Eu sei que fez um esforço para não me falar disso, não diga nada, só lhe fica bem e eu compreendo a sua discrição, admiro-a mesmo. Tenho de confessar que eu própria não lhe facilitei a tarefa, enfim, quero dizer que andámos os dois à volta desta questão desde as nossas primeiras conversas na galeria. Ao ouvi-lo esta noite, fiquei com uma certeza, e creio que Vladimir teria concordado com a minha decisão. Penso mesmo que ele teria confiado em si, e em todo o caso eu decidi fazê-lo. Devem ter-lhe entregue um envelope, que eu deixei na recepção do hotel depois de nos termos deixado. Dentro dele está um mapa com um itinerário marcado. Alugue um carro e venha ter comigo amanhã. Tenho uma coisa muito importante para lhe mostrar, uma coisa que lhe dará muito prazer. Espero por si ao meio-dia, seja pontual. Boa-noite Jonathan, até amanhã.

Ela cortou a ligação sem lhe dar tempo de responder. Jonathan dirigiu-se à pequena secretária, pegou no envelope e desdobrou o mapa. Reservou um carro para o dia seguinte na recepção do hotel e aproveitou para perguntar se não chegara nenhum faxe para ele. O porteiro respondeu que uma certa Anna Valton tinha tentado ligar-lhe à tarde, mas que a única mensagem que deixara fora para o informar da chamada. Jonathan encolheu os ombros e pousou o auscultador.

Adormeceu assim que se deitou e a sua noite foi atormentada por um sonho estranho. Andava a cavalo sobre o empedrado escorregadio de um velho bairro de Londres. Avançando a passo, via um grupo de pessoas muito agitadas diante de uma casa. Todas elas estavam vestidas com roupas de outros tempos. Para escapar à multidão que se juntava à sua volta, lançava o cavalo a galope.

A ruela desembocava numa paisagem campestre. Pôs o cavalo a trote e penetrou numa alameda ladeada por grandes árvores. Uma mulher montada também num cavalo aproximou-se pela sua direita. Uma chuva fina começou a cair. «Depressa, depressa, despache-se», suplicou ela, antes de se lançar num grande galope.

O telefone tocou à hora que ele pedira na véspera, arrancando-o do seu sonho. Deixou o hotel Dorchester ao volante de um carro de aluguer e tomou a auto-estrada a leste da cidade. Seguindo rigorosamente as indicações de Clara, saiu da auto-estrada depois de ter percorrido cerca de cem quilómetros. Meia hora depois, conduzia por uma pequena estrada campestre, fazendo um constante esforço para se lembrar que em Inglaterra se circula à esquerda. Longas barreiras de madeira ladeavam vastas planícies. Viu o cruzamento que ela indicara no mapa e um pouco depois a taberna que também estava assinalada. Duas curvas mais à frente, tomou um carreiro que penetrava na espessa floresta. Apesar dos solavancos provocados pelas pedras e pelos buracos, Jonathan não diminuiu a velocidade. A lama levantada pela passagem do carro salpicava a carroçaria, o que o divertia. Depois o caminho alargou-se, ladeado por duas filas de grandes árvores. Jonathan parou diante de um gradeamento em ferro forjado. Do outro lado do imponente portão, um caminho de cascalho desenhava uma curva que desembocava a cem metros dali num encantador solar inglês. Três degraus de pedra conduziam a um terraço em frente da casa. Duas portas envidraçadas enquadravam a entrada principal. Clara, vestida com um impermeável ligeiro, segurava uma tesoura de podar. Dirigiu-se a uma roseira que subia pela parede e cortou algumas flores esbranquiçadas. Cortou as hastes, cheirou as corolas e começou a fazer um ramo. A sua beleza era extraordinária. O sol que brincava às escondidas atravessou a fina camada de nuvens. Clara despiu imediatamente o impermeável e a *T-shirt* moldada ao seu corpo pôs a nu os seus ombros, acentuando as suas formas.

Jonathan saiu do carro. Quando se aproximou do gradeamento, Clara entrou no interior do solar. Ao empurrar o portão com a mão esquerda, ele viu no pulso o relógio que Anna lhe tinha oferecido no dia em que ficaram noivos. Diante dele, um raio de luz dourada entrou pela porta envidraçada do solar e espalhou-se sobre o chão de madeira do salão. Jonathan permaneceu um longo momento imóvel antes de tomar uma decisão cujo custo antevia. Deu meia volta, meteu-se no carro e fez marcha-atrás. Na estrada que o reconduzia a Londres, bateu raivosamente no volante. Viu as horas no relógio do carro, pegou no telemóvel e ligou para Peter. Disse-lhe que se encontrava com ele no aeroporto e pediu-lhe para lhe levar a bagagem que deixara no quarto; depois ligou para a British Airways e confirmou a sua reserva.

Na estrada, o seu humor era sombrio, não por não ver aquele quadro com o qual sonhava há anos, mas porque uma ideia o obcecava. Quanto mais se afastava do solar, mais a presença de Clara, de que ele fugia, se impunha ao seu espírito. Ao chegar a Heathrow, confessou a si próprio a única e derradeira verdade. Sentia a falta de Clara.

5

Peter andava de um lado para o outro na sala de espera, impaciente. Se o voo para Bóston não se atrasasse, Jonathan estaria em sua casa ao fim da tarde.

– O que é que não compreendeste? – perguntou Jonathan.

– Há vinte anos que me arrastas para os teus congressos, que percorremos os corredores das bibliotecas a esquadrinhar toneladas de arquivos à procura do menor indício que te permitisse esclarecer o mistério do teu pintor, há vinte anos que falamos dele quase todos os dias, e agora vens-me dizer que desististe de saber se esse quadro existe ou não?

– Provavelmente não havia um quinto quadro, Peter.

– Como podes dizer isso, se não entraste naquele castelo? Preciso dele, Jonathan, para não ser despedido pelos meus sócios. Tenho a impressão de estar metido num aquário cujas paredes encolhem com a água.

Em Londres, Peter fizera uma jogada de alto risco. Tinha conseguido convencer o conselho a retardar a impressão do catálogo da prestigiosa casa, o que equivalia a enviar um forte sinal ao mundo da arte anunciando estar em preparação uma grande surpresa. Essas obras periódicas eram uma referência, e o seu conteúdo empenhava a reputação da célebre instituição que o empregava.

– Tranquiliza-me, ao menos não te comprometeste com eles?

– Depois da tua chamada esta manhã, em que me contaste a tua conversa e a tua partida precipitada para o campo, contactei o presidente do nosso escritório de Londres.

– Não fizeste isso? – perguntou Jonathan sinceramente inquieto.

– E como hoje é sábado liguei para casa dele! – gemeu Peter, escondendo a cabeça nas mãos.

– O que é que lhe disseste?

– Que me comprometia pessoalmente e que, se ele confiasse em mim, esta venda seria uma das maiores da década.

Peter não se enganara. Se Jonathan e ele tivessem revelado a última obra de Vladimir Radskin, os compradores dos maiores museus ter-se-iam apresentado no seu leilão e coberto as ofertas dos grandes coleccionadores. Jonathan teria oferecido ao seu velho pintor o reconhecimento com o qual sonhava desde sempre, e Peter tornar-se-ia um dos leiloeiros mais solicitados.

– Falta um pormenor importante no teu quadro idílico! Pensaste numa alternativa?

– Sim, enviar-me-ás vales postais para a ilha deserta para onde serei exilado, em troca da promessa de que não me suicidarei por ter sido alvo da troça de toda a profissão.

A costa americana estava à vista e a conversa entre os dois amigos não cessara durante todo o voo, para grande desconforto dos passageiros que os rodeavam e que não conseguiram fechar os olhos durante toda a viagem. Quando a hospedeira apresentara os tabuleiros-refeições, Peter tinha levantado, com um ar inocente, a persiana da sua janela e virado a cabeça para as nuvens a fim de evitar o olhar de Jonathan. Virou-se com a velocidade de um relâmpago, pegou na pequena tarte de chocolate no tabuleiro de Jonathan e engoliu-a.

– Tens de admitir que esta comida é absolutamente horrível.

– Estamos a trinta mil pés acima do oceano, podemos ir de um continente ao outro em oito horas sem enjoar, não te vais queixar porque o peru não te sabe bem!

– Se ao menos fosse peru o que está dentro desta sanduíche!

– Faz de conta que é!

Peter fixou demoradamente Jonathan, até este o notar.

– O que é que estás a fazer? – perguntou Jonathan.

– Quando fui buscar as tuas coisas ao teu quarto, encontrei o aviso de recepção do faxe que enviaste a Anna. Não o devia ter lido, mas tropecei nele, então...

– Então o quê? – interrompeu Jonathan num tom seco.

– Então, escreveste *Clara* em vez de Anna! Preferi prevenir-te, para que não o soubesses pela tua noiva.

Os dois amigos trocaram um olhar cúmplice e Peter desatou a rir.

– Realmente, questiono-me! – disse ele, recuperando o fôlego.

– E questionas-te sobre o quê, pode-se saber?

– Sobre o que fazes comigo neste avião!

– Regresso a casa!

– Vou reformular a minha pergunta, vais ver que até tu conseguirás compreender! Questiono-me sobre o que te meteu medo.

Jonathan reflectiu longamente antes de lhe responder.

– De mim! Tive medo de mim.

Peter fez um sinal afirmativo com a cabeça e olhou pela janela a ilha de Manhattan que se adivinhava ao longe.

– Mas eu também tenho muitas vezes medo de ti, meu caro, e isso não me impede de ser o teu melhor amigo! Convive contigo próprio um pouco mais, habituar-te-ás a todas as tuas manias e acabarás por te apaixonar, como eu, por um velho pintor russo do qual falarás contigo próprio durante todo o dia. Ver-te-ás a preparar o teu casamento com uma cara de metro e meio. Não, garanto-te, se conseguires ser amigo de ti próprio, verás a que ponto a vida está cheia de surpresas!

Jonathan não lhe respondeu e pegou na revista da companhia aérea na bolsa do assento à sua frente. O acaso é por vezes provocador. Durante a descolagem, ao folhear essa revista, encontrara uma curta entrevista de uma galerista muito na moda em Londres. Uma foto de Clara ilustrava a crónica, tirada diante do seu solar. Jonathan inclinou-se e voltou a colocar a revista na bolsa. Peter observou-o pelo canto do olho.

– Se me posso permitir – retomou Peter –, se eu tiver de ir para a minha ilha deserta, é absolutamente necessário que vá sozinho.

– Ah, sim? E porquê?

– Porque se fores obrigado a juntar-te a mim, a ilha deixará de ser deserta!

– E por que razão seria eu obrigado a juntar-me a ti?

– Por te teres completamente enganado de vida em Bóston e só o teres compreendido demasiado tarde!

– Estás a falar de quê, Peter? – perguntou Jonathan num tom irritado.

– De nada! – respondeu Peter com um ar irónico e pegando de forma negligente no seu exemplar da revista de bordo.

Depois de terem passado a alfândega, Peter e Jonathan dirigiram-se para o parque de estacionamento vigiado. Meteram-se pela passadeira sobre as vias de acesso ao terminal. Peter aproximou-se do gradeamento.

– Viste a fila para os táxis? A quem é que se diz obrigado por ter tido a ideia genial de trazer o carro?

Na longa fila de passageiros que se formava no passeio, Jonathan não reparou na mulher de cabelos brancos que entrava no carro da frente.

A periferia da cidade estava engarrafada e Peter levou mais de uma hora para acompanhar o seu amigo até casa. Jonathan pousou a sua maleta e pendurou o impermeável num cabide. As luzes da cozinha estavam apagadas. Chamou por Anna na escada, mas não obteve qualquer resposta. O quarto estava às escuras, a cama não fora desfeita. Ouviu um estalido no andar de cima e subiu imediatamente. Empurrou suavemente a porta entreaberta do *atelier*. A divisão estava vazia. Uma nova tela de Anna repousava no cavalete, Jonathan aproximou-se e observou-a. O quadro mostrava a vista que se tinha do *atelier* no século XIX. Ele reconheceu na tela os raros edifícios que haviam resistido aos assaltos do tempo e ainda se erguiam sob as janelas da casa. No centro do quadro, um *brick*, um grande veleiro de dois mastros, acostava ao velho porto. Viam-se alguns passageiros na ponte e uma família que atravessava a passadeira conduzindo ao cais. Se Jonathan se tivesse aproximado ainda mais, teria podido admirar a precisão da pincelada de Anna. A textura de madeira destacava-se subtilmente da do casco do navio. Um homem entroncado levava a sua filha pela mão, esta última com um capuz de um belo cinzento pérola a cobrir-lhe o rosto. Na mão da sua mulher, que se agarrava à corda da passadeira, adivinhava-se um anel de grandes dimensões.

Jonathan pensou no seu melhor amigo, sozinho em casa. Peter esforçara-se por disfarçar, mas Jonathan, que o conhecia demasiado bem para ignorar a inquietação que o roía por dentro, sentia-se culpado. Dirigiu-se para a secretária de Anna e pegou no auscultador. O telefone de Peter estava ocupado. Jonathan olhou o *atelier*, iluminado pelos últimos raios de sol que entravam pela vidraça. A cor do soalho era tão dourada quanto o chão de madeira de um velho solar inglês. O seu coração começou a bater ao ritmo de um desejo que o enchia de felicidade. Pousou o auscultador, saiu do *atelier* e precipitou-se para as escadas. Pegou na sua maleta na cadeira da entrada e fechou a porta atrás de si. Entrou num táxi e indicou ao motorista o seu destino.

– Aeroporto de Logan, o mais depressa possível por favor!

O condutor olhou para a cara do seu passageiro no espelho retrovisor e os pneus do *Ford* chiaram no alcatrão.

No momento em que o carro virava a esquina, a mão de Anna deixou cair as lamelas do estore de madeira. Por trás da vidraça do seu *atelier,* ela sorria. Anna desceu as escadas, ligou o gravador na cozinha e pegou nas chaves que estavam numa taça. Na entrada, reparou no impermeável que Jonathan esquecera no armário. Encolheu os ombros, saiu de casa e subiu a rua a pé. Um pouco mais à frente, entrou no seu carro e dirigiu-se para norte. Atravessou a Harvard Bridge, sobre o Charles River, e prosseguiu o seu caminho até Cambridge. A circulação era intensa. Entrou na Mass Avenue, contornou o *campus* universitário e virou em Garden Street.

Anna acabara de estacionar não longe do n.º 27. Subiu os três degraus do patamar e tocou à campainha. O fecho eléctrico deu um estalido e a porta abriu-se. Ela tomou o elevador até ao último andar. A porta ao fundo do corredor estava entreaberta.

– Está aberta – disse uma voz feminina no interior.

O apartamento era elegante. No salão, sobre os móveis de época perfeitamente encerados, viam-se algumas peças de prata. As cortinas penduradas nas janelas metálicas envidraçadas ondulavam ligeiramente.

– Estou na casa de banho, não me demoro – retomou a voz.

Anna instalou-se num sofá de veludo castanho. Dali podia gozar de uma vista admirável sobre o Danehy Park.

A mulher que ela visitava entrou na divisão e largou a toalha com que enxugava as mãos nas costas de uma cadeira.

– Estas viagens esgotam-me – disse ela a Anna, abraçando-a.

Depois, de uma taça finamente cinzelada, recuperou um anel com um magnífico diamante de talha antiga e enfiou-o no dedo.

Jonathan recuperara as suas forças durante o voo. Fechara os olhos assim que o avião deixara a pista e reabrira-os no momento em que o trem de aterragem saía do ventre do aparelho da British Airways. Alugou um carro e deixou Heathrow pela auto-estrada. Quando viu a pequena taberna, carregou no acelerador. Um pouco depois, o imponente portão preto da propriedade surgiu diante do seu pára-

-brisas; estava aberto de par em par. Ele entrou diminuindo a velocidade e estacionou diante do terraço.

O sol acariciava a fachada do solar. Roseiras selvagens subiam pelas paredes em volutas de cor pastel. No meio de um círculo de relva, um grande choupo ondulava ao vento, com os seus altos ramos tocando ao de leve o telhado. Clara apareceu no terraço e desceu os degraus.

– É meio-dia em ponto – disse ela indo ao seu encontro –, descontando um dia, chegou à hora exacta!

– Peço-lhe imensa desculpa, é uma longa história – respondeu ele, incomodado.

Clara deu meia volta e regressou ao solar. Jonathan ficou durante uns instantes sem saber o que fazer e depois seguiu-a. Naquela casa de campo, cada coisa parecia que fora colocada por acaso e, no entanto, tinha o seu lugar. Certos lugares, sem que se saiba porquê, dão-nos uma imediata sensação de bem-estar. A casa onde Clara passava uma grande parte da sua vida era desse tipo. O local era acolhedor, como se ao longo dos anos ela tivesse nele destilado boas vibrações.

– Venha comigo – disse ela.

Entraram numa vasta cozinha com o chão coberto de pequenas lajes castanhas. Parecia que o tempo não passara por ali. Algumas brasas avermelhadas acabavam de se consumir numa lareira. Clara tirou um toro de um cesto de verga e lançou-o sobre as cinzas. As chamas reanimaram-se imediatamente.

– As paredes são tão grossas que é preciso aquecer esta cozinha quer de Verão quer de Inverno. Se entrasse aqui de manhã, ficaria surpreendido com o frio.

Ela colocou dois pratos sobre a grande mesa.

– Quer uma chávena de chá?

Jonathan encostou-se à parede e olhou-a. Mesmo nos gestos mais simples Clara era elegante.

– Não respeitou, portanto, nenhuma das vontades da sua avó?

– Bem pelo contrário.

– Não estamos no solar dela?

– Ela era uma psicóloga incrível. A melhor garantia de que eu faria o que ela desejava verdadeiramente era fazer-me prometer o contrário.

A água apitou na chaleira. Clara serviu o chá e Jonathan sentou-se à grande mesa de madeira.

– Antes de me levar de volta ao internato, ela perguntou-me se eu pensara em cruzar os dedos ao fazer as minhas promessas.

– Imagino que é uma maneira de ver as coisas.

Clara sentou-se à sua frente.

– Conhece a história de Vladimir e do seu galerista Sir Edward? – perguntou Clara. – Com o passar dos anos, tornaram-se inseparáveis e a relação que estabeleceram tornou-se como a de dois irmãos. Diz-se que Vladimir morreu nos seus braços.

A sua voz estava cheia de uma alegre expectativa. Jonathan sentia-se bem e Clara começou a sua história.

– Depois de ter fugido da Rússia em 1860, Radskin chegou a Inglaterra. Londres era o refúgio temporário de todos os exilados, nela cruzavam-se turcos, gregos, suecos, franceses e espanhóis, e até mesmo viajantes chineses. A cidade velha era tão cosmopolita que o álcool mais popular tinha aí sido baptizado de «a bebida de todas as nações». Contudo, Vladimir não bebia, pois não tinha vintém. Vivia num quarto sórdido no terrível bairro de Lambeth. Radskin era um homem orgulhoso e corajoso e, apesar da sua pobreza, preferia morrer de fome a mendigar. Durante o dia, com pedaços de carvão que afiava como se fossem lápis, ia para o mercado de Covent Garden fazer esboços dos transeuntes em velhos papéis recuperados.

»Quando tinha sorte vendia os seus desenhos por algumas moedas, e assim ia lutando contra a miséria. Foi dessa forma que encontrou Sir Edward, e o destino cumpriu plenamente o seu papel nessa manhã de Outono, nas alamedas ao ar livre de Covent Garden.

»Sir Edward era um rico e reputado negociante de obras de arte.

»Não tinha qualquer intenção de ir ao mercado nesse dia, mas a doença acabara de levar uma das suas empregadas e a esposa queria que ele a substituísse sem demora. Quando Vladimir Radskin mostrou a Sir Edward o retrato que acabara de desenhar dele, parado diante de um vendedor de legumes, o galerista adivinhou imediatamente o talento daquele homem que se encontrava obviamente na miséria. Comprou o esboço e estudou-o durante toda a noite. No dia seguinte, regressou ao mercado de carruagem, acompanhado pela filha, e pediu ao homem para a desenhar. Vladimir recusou, pois não pintava rostos de mulheres. Como o seu reduzido inglês não lhe permitia fazer-se compreender claramente, Sir Edward encolerizou-se. O primeiro encontro daqueles dois homens que nunca mais se separariam quase terminava com uma séria disputa. Mas Vladimir mostrou calmamente a Sir Edward outro desenho. Um retrato dele, desta vez de pé, e que tinha executado inteiramente de memória depois de o galerista ter partido. O porte retratado era de uma semelhança impressionante.

– É o retrato de Sir Edward que está exposto em San Francisco?

– O esboço desse quadro foi feito a partir desse desenho...

Clara franziu as sobrancelhas.

– Estou a ser ridícula, o Jonathan conhece todas estas histórias, é o maior especialista que existe deste pintor, e eu a contar-lhe coisas que se podem encontrar em qualquer livro sobre ele!

A mão de Jonathan aproximara-se da de Clara. Sentiu vontade de pousar a sua mão na dela, mas conteve o seu gesto.

– Em primeiro lugar, há muito poucos livros consagrados a Radskin, e além disso garanto-lhe que não conhecia essa história.

– Está a brincar?

– Não, mas terá de me dizer como obteve essas informações, publicá-las-ei na minha próxima monografia.

Clara hesitou um pouco antes de retomar o fio da sua história.

– Bom, acredito em si – disse ela, servindo-lhe mais chá. – Sir Edward era desconfiado e por isso pediu a Radskin para desenhar um retrato do seu cocheiro.

– É esse retrato que está na origem do quadro que desembalámos na quarta-feira? – perguntou Jonathan entusiasmado.

– Sem qualquer dúvida, Vladimir e ele eram amigos, ligados por uma paixão comum. Se está a fazer troça de mim e já sabe tudo isto, prometo-lhe...

– Não prometa nada, continue.

Vladimir fora um óptimo cavaleiro na sua juventude. Passados muitos anos, quando o cavalo favorito do cocheiro se estatelou em plena rua, Vladimir consolou o homem pintando o seu retrato diante dos estábulos, junto do seu cavalo. O cocheiro envelhecera e Vladimir pintou o seu rosto a partir do esboço que tinha executado rapidamente, numa manhã de Outono, na humidade acre do mercado ao ar livre de Covent Garden.

Jonathan não resistiu ao impulso de dizer a Clara que aquela história aumentaria consideravelmente o valor da tela que seria posta à venda. Clara não fez nenhum comentário. Jonathan, como bom especialista, tentou várias vezes levá-la a revelar as suas fontes. Tentava separar na história de Clara aquilo que era verdade daquilo que não passava de lenda. Durante toda a tarde, ela continuou a contar a história de Vladimir e de Sir Edward.

O galerista ia visitar Vladimir quase todos os dias, conquistando-o com as suas atenções. Passadas algumas semanas, ofereceu-se para lhe alugar um quarto convenientemente aquecido no sótão de uma das casas burguesas que possuía não longe do mercado, sem qualquer contrapartida.

Dessa forma, Radskin não teria de voltar a percorrer as ruas enlameadas e perigosas de Londres no lusco-fusco da madrugada e na escuridão do crepúsculo. O pintor recusou aceitar o quarto sem qualquer contrapartida, acabando por dar em troca meia dúzia de desenhos. Assim que o pintor se instalou, Sir Edward enviou-lhe óleos e pigmentos de grande qualidade que importava de Florença. Vladimir fazia as suas próprias misturas de cores e, quando Sir Edward lhe enviou as primeiras telas montadas numa armação, deixou de fazer desenhos a lápis e recomeçou a pintar. Foi o início do seu período inglês, que durou os oito anos que ainda viveria. Instalado no seu quarto junto do mercado de Covent Garden, o pintor executava as encomendas do galerista. Era o próprio Sir Edward quem lhe levava os materiais, e, de cada vez que o fazia, ficava um pouco mais de tempo em companhia do artista, conseguindo ao fim de algumas semanas amansar o orgulho do pintor, que ele desejava tornar seu protegido. Num ano, aquele a quem ele chamava o seu amigo russo pintou seis grandes telas. Clara enumerou-as: Jonathan conhecia-as a todas e indicou-lhe em que parte do mundo cada uma delas se encontrava.

Mas o seu êxodo e as suas precárias condições de vida no bairro de Lambeth haviam enfraquecido Vladimir fisicamente. Tinha com muita frequência terríveis ataques de tosse, e as suas articulações faziam-no sofrer cada vez mais. Uma manhã, ao ir visitá-lo, Sir Edward encontrou-o estendido no chão do modesto quarto onde o instalara. Tolhido pelo reumatismo, não conseguira levantar-se sozinho depois de ter caído da cama.

Vladimir foi imediatamente levado para a casa da cidade do galerista, que passou a cuidar dele quotidianamente. Quando o seu médico pessoal o tranquilizou sobre o restabelecimento do seu protegido, Sir Edward levou-o para a sua propriedade no campo para que pudesse convalescer nas melhores condições. Vladimir reencontrou aí uma saúde notável. Graças a Sir Edward, fez várias viagens sozinho a Florença para ir buscar os pigmentos em pó, com os quais fazia as suas cores tão profundas. Sir Edward tratou-o como a um irmão. Durante todos esses anos, a amizade que os unia foi exemplar. Quando não estava a viajar, Vladimir pintava. Sir Edward expunha os seus quadros na galeria que tinha em Londres, e, quando um quadro não encontrava comprador, pendurava-o numa das suas casas, pagando ao pintor como se a obra tivesse sido vendida. Oito anos mais tarde, Vladimir adoeceu de novo e dessa vez o seu estado degradou-se rapidamente.

– Morreu no início do mês de Junho, sentado tranquilamente numa cadeira à sombra de uma grande árvore onde Sir Edward o colocara.

A voz de Clara tornara-se triste enquanto ia contando a história. Pôs-se de pé, começou a levantar a mesa e Jonathan, sem lhe pedir opinião, começou a ajudá-la. Clara pegou nas chávenas e Jonathan no bule, que foram colocar nas duas bacias de porcelana do lava-loiças. Abriram a imponente torneira de cobre e a água começou a correr em abundância. Jonathan confessou a Clara que ignorava quase tudo sobre o período em que Vladimir vivera no campo e contou-lhe alguns outros fragmentos da história do velho pintor ao qual consagrara a sua vida.

A tarde estava a acabar, Clara e Jonathan tinham atravessado juntos o nevoeiro da velha Londres, descrito a casa onde Vladimir tinha vivido perto de Covent Garden, visitado o jardim de rosas onde ele gostava de passear quando estava no campo. De tanto evocar o pintor, quase poderiam ouvir os seus passos fazer estalar a palha dos estábulos quando ia visitar o seu amigo cocheiro. Jonathan estava a lavar a louça, Clara secava-a ao seu lado. Ele estava subjugado pela sensualidade que se desprendia dela. Clara pôs-se em bicos dos pés para arrumar os pratos numa prateleira por cima do lava-loiças. Jonathan sentiu cem vezes o desejo de a tomar nos seus braços e cem vezes renunciou fazê-lo. Clara abriu a torneira, passou as mãos por água e secou-as no avesso do avental, desfazendo depois o laço que o prendia e largando-o junto do antigo fogão a lenha. Dirigiu-se a ele, cheia de vida.

– Venha comigo – disse ela.

Clara arrastou-o através da porta da cozinha que dava para as traseiras do solar. Atravessaram o pátio e pararam diante de um enorme armazém. Quando ela deu a volta à chave, Jonathan sentiu o coração bater com mais força. Clara empurrou energicamente as duas grandes portas. No interior do barracão, os cromados da carroçaria de um descapotável *Morgan* de dois lugares brilhavam. Clara sentou-se atrás do velho volante de madeira e o motor rugiu.

– Não fique com essa cara, venha! Tenho de ir à aldeia fazer compras. Quando voltarmos, verá aquilo que o fez vir aqui. Afinal de contas, quem é que está atrasado vinte e quatro horas? – disse ela, com os olhos cheios de malícia.

Jonathan instalou-se ao seu lado e Clara arrancou fazendo chiar os pneus.

O descapotável atravessou o campo a grande velocidade. Pararam diante de uma pequena mercearia. Clara comprou o necessário para o jantar. Jonathan saiu com uma caixa nos braços, que pousou no minúsculo assento traseiro. No regresso, Clara confiou-lhe o volante. Um pouco nervoso, ao engatar a primeira velocidade o motor foi-se abaixo.

– É preciso habituarmo-nos à embraiagem! – disse ela.

Jonathan não deixou transparecer o seu orgulho ferido e fez os possíveis por esconder a sua impaciência. Ao chegar diante da casa, acabou por relaxar. As compras foram deixadas na cozinha e Clara arrastou-o para o interior do solar. Fê-lo percorrer um longo corredor que ia dar à grande biblioteca. Nas paredes cobertas de painéis de velha madeira, estavam penduradas algumas tapeçarias antigas. Sobre a lareira, um grande relógio parara às seis horas, e ninguém sabia se da manhã se da noite. Alguns livros com encadernações gastas cobriam uma mesa de mogno que reinava no meio da divisão. Através das janelas com pequenos vidros, já se podia ver o sol desaparecer por trás da crista das colinas. Jonathan reparou num desvão onde havia uma pequena porta, para a qual Clara se dirigiu. Jonathan quis recuar para a deixar passar. Quando ela pegou na maçaneta, os seus corpos tocaram-se e a estranha vertigem recomeçou.

Pesadas nuvens obscureceram o céu a uma velocidade fulgurante. O dia chegou ao fim e a chuva da noite começou a cair. Uma janela da biblioteca cedeu à borrasca. Jonathan atravessou a divisão e tentou fechá-la, mas o seu braço recusou obedecer-lhe. Todos os seus músculos começaram a ficar entorpecidos. Quis chamar Clara, mas nenhum som saiu da sua boca. Lá fora tudo mudava. As roseiras brilhantes presas à fachada do solar recobriam-na agora de uma forma selvagem. Persianas decrépitas chiavam no primeiro andar, sob o assalto do vento. Algumas telhas do telhado caíram e quebraram-se no pátio. Jonathan tinha a impressão de sufocar, os seus pulmões torturavam--no, o vento batia com toda a força no seu rosto. Diante da casa, estava atrelado um fiacre em péssimo estado. Os cascos que martelavam o solo traíam o nervosismo do cavalo que um cocheiro de chapéu alto tentava reter segurando as rédeas o melhor que podia. No interior da cabina, uma jovem silhueta estava enrolada numa capa cinzenta, com um capuz a cobrir-lhe a cabeça. Um casal de idade madura saiu da casa a correr. O homem, corpulento, ajudou a mulher a subir, protegendo-a com o braço. Fechou a portinhola, pôs a cabeça de fora da janela e gritou: «Pela floresta, depressa, eles estão a chegar!»

O cocheiro chicoteou o cavalo e o fiacre contornou a grande árvore. O choupo que reinava no parque não tinha agora nenhuma folha. O Verão acabado de nascer parecia já estar a morrer. Ouviu de novo a voz desconhecida: «Depressa, depressa, despache-se!», murmurava ela, confundindo-se com o ruído das rajadas de vento.

Jonathan desviou penosamente o olhar para o interior da biblioteca. O cenário mudara. Na extremidade da divisão, a porta que dava para o corredor abriu-se bruscamente. Jonathan viu duas silhuetas a fugir. Uma delas levava um grande embrulho feito com um cobertor. Jonathan sabia que daí a alguns segundos o ar lhe faltaria. Inspirou profundamente e tentou com todas as suas forças lutar contra o entorpecimento. Recuou um passo e a vertigem parou de repente. Clara continuava à sua frente. Ele estava de novo no desvão.

– Aconteceu novamente, não é verdade? – perguntou ela.

– Sim – respondeu Jonathan, recuperando o fôlego.

– A mim também sucede o mesmo, tenho sonhos – murmurou ela. – Acontece quando nos tocamos.

O estranho parece ainda mais estranho quando se fala dele. Ela olhou-o fixamente e sem dizer mais nada entrou na pequena divisão.

O cavalete estava colocado no meio do espaço. Quando Clara retirou o pano que protegia a pintura, ofereceu a Jonathan aquele momento único com o qual ele tanto sonhara. Olhou a tela e não acreditou no que os seus olhos viam.

6

De costas, imobilizada na eternidade do quadro, a jovem estava de pé. A saia plissada que usava era de um vermelho intenso e profundo, um vermelho como Jonathan nunca tinha visto antes. Tocou a tela com a ponta dos dedos. A obra era mais bela do que tudo o que tinha conseguido imaginar. O tema, em primeiro lugar, quebrava todas as regras que Vladimir se tinha imposto a si mesmo, e depois aquele vermelho indescritível, que lhe recordava as tintas que ele próprio fazia, à maneira antiga.

Um estado de exaltação submergia a sua meditação de perito. O tema do contraluz que o pintor adoptara aqui era executado de uma forma já contemporânea. Não se tratava de vibração de luz, mas de figuração precisa, de um avanço premonitório no século XX. Ao fundo, um choupo azulado rodeado por um céu verde-esmeralda anunciava já o futuro fauvismo. E Jonathan percebeu melhor ainda a dimensão do talento do seu pintor. Vladimir não era de nenhum tempo. Aquele quadro não tinha precedentes e era único.

– Então pintaste-o mesmo, velho sacripanta! – murmurou ele. – Fizeste mesmo a tua obra-prima.

Permaneceu durante várias horas a olhar *A Jovem de Vestido Vermelho*, e Clara, que o deixara sozinho, não foi nem uma vez nessa noite interromper o silêncio que envolvia a reunião singular do pintor e do seu historiador.

Clara só regressou ao escritório ao amanhecer. Pousou um tabuleiro sobre uma secretária e entreabriu a janela para deixar a luz entrar. Jonathan piscou os olhos e espreguiçou-se. Sentou-se em frente dela à pequena mesa e serviu-lhe uma chávena de chá. Olharam um para o outro sem dizer nada durante algum tempo, e foi ele que quebrou o instante cúmplice.

– O que pensa fazer?

– Vai depender muito de si – respondeu ela voltando a sair.

Jonathan ficou sozinho durante um momento. Ele sabia agora que o quadro que estivera a estudar durante toda a noite conferiria finalmente a Radskin o reconhecimento que lhe era devido. *A Jovem de Vestido Vermelho* consagraria o pintor entre os seus contemporâneos. Todos os conservadores dos mais importantes museus do mundo, o Metropolitan de Nova Iorque, a Tate Gallery de Londres, o museu d'Orsay de Paris, o Prado de Madrid, a Galleria degli Uffizi de Florença, o Bridgestone de Tóquio, quereriam agora expor a obra de Radskin. Jonathan teve um pensamento furtivo para Peter, que se interrogaria sobre qual deles faria a oferta mais elevada para poder pendurar definitivamente aquela obra numa das paredes do seu museu. Pegou no telemóvel que estava no bolso, marcou o seu número e deixou uma mensagem no gravador.

– Sou eu – disse ele –, tenho uma notícia que queria partilhar contigo. Estou diante do quadro que procurámos tanto e acredita que ultrapassa todas as nossas esperanças. Ele fará de ti o mais feliz e o mais invejado dos leiloeiros.

– Exceptuando um pequeno pormenor – disse Clara nas suas costas.

– Que pormenor? – perguntou Jonathan metendo o telemóvel no bolso.

– Não há dúvida de que sofreu um tremendo choque para não ter reparado nisso!

Ela levantou-se, pegou-lhe na mão e levou-o até ao quadro. Trocaram um olhar perplexo e ela escondeu imediatamente a mão atrás das costas. Avançaram até ao cavalete. Jonathan examinou uma vez mais a pintura de Vladimir. Quando tomou consciência do seu erro, franziu os olhos, levantou a tela e observou a parte de trás. Num instante, deu-se conta da extensão catastrófica do que lhe tinha escapado: Vladimir Radskin não tinha assinado o seu último quadro.

Clara aproximou-se dele e sentiu vontade de pousar a mão no seu ombro para o reconfortar, mas conteve-se.

– Não se censure, não é o primeiro a quem o quadro prega essa partida. Sir Edward também não se deu conta do facto, ficou tão subjugado quanto você. Venha, não fique aí. Penso que um pequeno passeio a pé lhe fará bem.

Ela prosseguiu no parque a história do pintor e do galerista.

Vladimir fora levado brutalmente pela sua doença, morrera logo a seguir a ter terminado *A Jovem de Vestido Vermelho*. Sir Edward não recuperou da morte do seu amigo. Louco de dor e de raiva pelo facto de o trabalho do seu pintor não obter o reconhecimento correspondente ao seu verdadeiro valor, empenhara publicamente a sua reputação um ano depois ao anunciar que a última obra de Vladimir Radskin era uma das mais importantes do século e ao decidir organizar na data do seu desaparecimento um prestigioso leilão no qual a tela seria apresentada. Acorreram grandes coleccionadores do mundo inteiro. Na véspera do leilão, retirou o quadro do cofre onde o colocara a fim de o levar para a sala onde ele ia decorrer.

Quando se deu conta de que não estava assinado, era demasiado tarde. O prodigioso cerimonial que organizara visando consagrar a obra do seu amigo voltou-se contra ele. Todos os negociantes de arte e críticos da época utilizaram o facto para o atacar. Os meios artísticos troçaram dele. Sir Edward foi acusado de apresentar uma falsificação grosseira. Desonrado, arruinado, abandonou as suas propriedades e deixou precipitadamente a Inglaterra. Foi viver para a América com a sua mulher e a sua filha e morreu alguns anos mais tarde, no maior dos anonimatos.

– Mas como é que sabe tudo isso? – perguntou Jonathan.

– Ainda não percebeu onde se encontra, pois não?

Perante o ar perplexo de Jonathan, Clara não conseguiu conter uma gargalhada.

– Pois fique a saber que se encontra na casa de Sir Edward! Foi aqui que o seu pintor passou os seus últimos anos, foi aqui que ele pintou muitos dos seus quadros.

Jonathan olhou então em seu redor e viu o solar sob outra perspectiva. Quando passaram diante do choupo tentou imaginar o seu pintor a trabalhar junto dele. Adivinhou o lugar onde Vladimir havia pousado o seu cavalete para executar um dos seus quadros que mais apreciava. A obra cuja paisagem original se encontrava à sua frente estava agora, tanto quanto sabia, exposta num pequeno museu da Nova Inglaterra. Jonathan olhou a vedação branca que rodeava a propriedade e se perdia no horizonte. A colina que realçava a paisagem era bem mais alta no quadro do que o era na realidade. Jonathan baixou-se, dobrando os joelhos, e foi então que compreendeu que Vladimir tinha executado a sua pintura sentado e não de pé. Clara devia ter-se enganado na cronologia da sua história. Era provável que Vladimir, dois anos depois de se ter mudado para ali, já se encontrasse muito debilitado. Estava uma bela tarde de Verão, e eles regressaram ao solar.

Jonathan passou o resto do dia no pequeno escritório. No início da noite, encontrou-se com Clara, que cantarolava na cozinha. Entrou sem fazer barulho, encostou-se à ombreira da porta e ficou a olhar para ela.

– É engraçado, cruza sempre as mãos atrás das costas e franze sempre o sobrolho quando está pensativo. Está preocupado com alguma coisa? – perguntou ela.

– Com várias! Não haverá um pequeno restaurante nas redondezas onde a possa levar a jantar? Poderia melhorar a minha condução do *Morgan*, e além disso tenho fome... E a Clara?

– Estou a morrer de fome! – disse ela lançando para o lava-loiças os talheres que tinha nas mãos. – Vou mudar-me, estarei pronta daqui a dois minutos.

Ela quase cumpriu a sua palavra. Jonathan mal teve tempo de ligar a Peter, sem sucesso, e de constatar que a bateria do seu telemóvel deixara de funcionar. Clara chamou-o do *hall*, ao pé das escadas.

– Estou pronta!

O descapotável rolava sob a luz velada de uma lua crescente. Clara cobrira os cabelos com um lenço que a protegia do vento. Jonathan procurava determinar quando fora a última vez que se sentira com o coração tão transbordante. Voltou a pensar em Peter, tinha de o prevenir de que *A Jovem de Vestido Vermelho* não estava assinado. Imaginava já a sua cara, bem como todo o trabalho que tinha de realizar para salvar o seu amigo. Tinha de encontrar em alguns dias o meio de autentificar um quadro que se diferenciava tanto da obra do pintor que supostamente o executara.

E ainda que cada pincelada valesse para ele bem mais do que qualquer assinatura, a ausência de uma simples rubrica no quadro não deixaria de levantar muitas interrogações nos meios artísticos. Em primeiro lugar, tinha de descobrir por que razão Vladimir não assinara o seu quadro. Seria por ter infringido as suas duas regras absolutas: nunca utilizar pigmento vermelho e nunca pintar uma mulher? Se essas fossem as únicas razões daquele estranho anonimato, então ele tinha, sem se dar conta disso, pregado a pior das partidas ao perito que tentaria, um século e alguns decénios mais tarde, impor ao mundo a dimensão do seu trabalho.

«Porque fizeste isso, Vladimir?», pensava Jonathan.

– É essa a pergunta que não paro de me fazer – continuou Clara.

A pequena lâmpada da mesa onde o dono do restaurante os tinha colocado iluminava delicadamente o rosto de Clara. Jonathan levantou a cabeça e não conseguiu resistir ao desejo de a olhar.

– Está a ler os meus pensamentos?

– Estou a partilhá-los! E depois o mérito não é meu, sem se dar conta os seus lábios acompanhavam as palavras que estava a murmurar.

– Por não estar assinada, a tela vai provocar imensas controvérsias. Precisamos de elementos concretos que provem que Radskin é realmente o seu autor.

– Pensa começar por onde?

– Pela composição da pintura. E terei de encontrar a origem dos pigmentos da *Jovem de Vestido Vermelho* para os comparar com os que ele utilizou nas suas outras pinturas. Isso dar-nos-á uma primeira série de indícios.

As mãos deles estavam tão próximas que teriam bastado alguns centímetros ganhos ao pudor ou ao medo para se tornarem numa só. E quem sabe se, juntando-se, elas não teriam revelado as respostas às perguntas que ambos se faziam sem ousar confiá-las ao outro?

No solar, Jonathan ocupou um quarto de hóspedes. Pousou o seu saco sobre uma cadeira e apoiou as mãos na cama coberta por um dossel de tecido cru. Depois dirigiu-se a uma das janelas que se abriam sobre o parque e sentiu as emanações do grande choupo que oscilava na claridade da noite. Estremeceu, fechou as persianas interiores e entrou na casa de banho. Clara passava no corredor, parou um momento diante da porta do quarto dele e depois afastou-se em direcção ao quarto que ocupava no fundo desse mesmo corredor.

Jonathan levantou-se muito cedo e assim que ficou pronto desceu à cozinha. Ainda se sentia o cheiro agradável do fogo apagado. Clara não tinha exagerado, de manhã a cozinha era glacial. Duas chávenas estavam pousadas sobre a grande mesa, junto de uma cesta com pão. Jonathan deixou aí um bilhete. Reavivou o fogo e saiu pela porta das traseiras, que fechou sem fazer barulho. O parque parecia estar a dormir, envolto pela bruma da manhã. Jonathan encheu os pulmões de ar fresco. Ele gostava daquela hora em que dois mundos tão diferentes se cruzam durante um curto instante. Nem os ramos das árvores nem as hastes das roseiras agarradas às fachadas tremiam. O cascalho rangeu sob os seus passos. Subiu para o seu carro, ligou a ignição e afastou-se da propriedade. Rolando na pequena estrada ladeada por altas árvores, viu o solar diminuir de tamanho no espelho retrovisor. No momento em que virava no caminho, Clara abriu as janelas do seu quarto no primeiro andar.

Uma chuva fina caía sobre o aeroporto de Heathrow. Jonathan entregou o seu carro e dirigiu-se ao balcão da Alitalia. Como o voo para Florença só partia dali a duas horas, foi deambular na zona das lojas.

Clara entrou na cozinha, aproximou-se do fogo que crepitava na lareira e sorriu. Pousou a chaleira num pequeno fogão a gás e sentou-se à mesa. A governanta, que vinha todos os dias tratar da casa, tinha trazido o jornal e pão fresco. Clara viu a carta que Jonathan lhe deixara. Largou o jornal e abriu o envelope.

Clara,

Parti muito cedo. Gostaria de ter batido à sua porta para lhe dizer adeus, mas ainda estava a dormir. Quando estiver a ler estas linhas, eu estarei a caminho de Florença, seguindo as pistas deixadas pelo nosso pintor. É engraçado, tive de esperar todo este tempo para fazer a maior descoberta da minha vida. Gostaria de partilhar consigo um pensamento, tão presente logo a seguir a ter acordado. Esta revelação é semelhante a uma viagem, e creio que ela começou no exacto momento em que a encontrei. Mas quando sucedeu isso?

A Clara sabe-o?

Telefonar-lhe-ei esta noite, desejo-lhe um bom-dia, gostaria de o passar ao seu lado; sei desde já que sentirei a sua falta.

Afectuosamente,

Jonathan.

Clara dobrou a carta e meteu-a muito lentamente no bolso do seu roupão. Respirou fundo, olhou calmamente o lustre suspenso do tecto, levantou as mãos ao céu e soltou um grito de alegria.

A cara espantada de Dorothy Blaxton, a governanta da casa, apareceu à porta.

– A senhora chamou-me?

Clara tossiu tapando a boca com palma da mão.

– Não, Dorothy, foi certamente a água do chá a assobiar!

– Provavelmente – respondeu ela, lançando um olhar ao bico de gás que Clara se tinha esquecido de acender debaixo da chaleira.

Clara levantou-se e rodou sobre si própria sem sequer se dar conta do facto. Pediu a *miss* Blaxton para arrumar a casa e pôr algumas flores no quarto de hóspedes; ela ia a Londres, mas regressaria muito em breve.

– Com certeza, senhora – respondeu a governanta, dirigindo-se para as escadas.

E assim que Dorothy Blaxton se encontrou no corredor, levantou os olhos ao céu e subiu ao primeiro andar.

No preciso momento em que as rodas do avião de Jonathan deixavam a pista, Clara, no seu *Morgan*, deixava para trás de si a propriedade. Um sol redondo e quente brilhava no céu.

Estacionou o carro diante da galeria duas horas mais tarde.

A alguns milhares de quilómetros dali, um táxi deixava Jonathan na Piazza della Repubblica, diante do hotel Savoy. Dirigiu-se ao seu quarto e ligou imediatamente para um amigo que não via há muito tempo. Lorenzo atendeu assim que o telefone tocou e reconheceu imediatamente a sua voz.

– O que é que te traz aqui? – perguntou Lorenzo com o seu sotaque da Toscânia.

– Estás livre para o almoço? – respondeu Jonathan.

– Para ti, sempre! Onde é que ficaste, já que não vieste dormir cá a casa?

– No Savoy.

– Então encontramo-nos no café Gilli daqui a meia hora.

A esplanada estava cheia, mas Lorenzo era um cliente habitual de todos os lugares bem frequentados da cidade. Um empregado deu-lhe um abraço, apertou a mão de Jonathan e instalou-os imediatamente sob o olhar furioso dos turistas que esperavam a sua vez diante do estabelecimento. Jonathan recusou educadamente a carta que o empregado lhe apresentava.

– Quero o mesmo que ele.

As conversas prosseguiram em torno da mesa onde os dois amigos saboreavam a alegria de se reencontrarem.

– Então, achas mesmo que o encontraste, o teu famoso quadro?

– Tenho a certeza que sim, mas preciso absolutamente da tua ajuda para que o mundo partilhe a minha opinião.

– Mas porque é que ele não assinou a tela, o teu maldito pintor?

– Ainda não sei, e é precisamente por isso que preciso da tua ajuda.

– Não mudaste mesmo nada, continuas tão louco como dantes! Já nos bancos das Belas-Artes, quando fazíamos o nosso estágio em Paris, não falavas doutra coisa senão desse Vladimir Radskin.

– Tu também não mudaste, Lorenzo.

– Tenho vinte anos a mais, por isso não se pode dizer que não mudei.

– E a Luciana?

– Continuo casado com ela, e também é a mãe dos meus filhos, sabes como é, aqui na Itália a família é uma instituição. E tu, casaste?

– Quase!

– É o que eu dizia, não mudaste nem um bocadinho.

O empregado pousou a conta e dois cafés curtos na mesa. Jonathan pegou na carteira, mas Lorenzo pousou imediatamente a sua mão sobre a dele.

– Mete isso no bolso, não sabes que os dólares não valem nada na Europa? Bom, vou acompanhar-te à casa Zecchi, os seus *ateliers* não são longe daqui. Talvez possamos saber mais alguma coisa sobre os pigmentos que o teu russo utilizava. Há séculos que eles conservam as mesmas combinações. Esta loja é a memória da nossa pintura.

– Eu conheço os estabelecimentos Zecchi, Lorenzo!

– É verdade, mas não conheces ninguém que lá trabalhe, e eu sim!

Deixaram a Piazza della Repubblica. Um táxi deixou-os no número 19 da Via della Studio. Lorenzo dirigiu-se ao balcão. Uma encantadora morena chamada Graziella acolheu-o de braços abertos. Lorenzo murmurou algumas palavras ao seu ouvido, que ela pontuou com uns «sins» quase cantados. No fim, piscou-lhe o olho e levou-os para as traseiras da loja. Subiram por uma velha escada de madeira, cujos degraus chiavam sob os seus passos. Graziella levara consigo uma chave de dimensões impressionantes. Girou-a na fechadura de uma porta que dava acesso a umas imensas águas-furtadas, onde nenhuma luz penetrava. Uma fina película de pó cobria os milhares de livros alinhados nas estantes, que se estendiam até ao infinito sob o telhado. Graziella virou-se para Jonathan e dirigiu-se a ele quase sem sotaque.

– Em que ano veio aqui o seu pintor?

– Entre 1862 e 1865.

– Então siga-me, os arquivos dessa época estão um pouco mais lá para a frente.

Com os dedos a deslizar sobre os livros, seguiu uma estante e parou diante das encadernações muito estaladas de cinco registos. Retirou-os da estante e colocou-os sobre uma pequena mesa. Todas as encomendas que tinham sido feitas aos estabelecimentos Zecchi nos últimos quatro séculos estavam registadas naqueles livros.

– Antigamente, era aqui que as preparações de pigmentos e óleos puros se efectuavam – disse Graziella. – Os maiores mestres pisaram estas tábuas. Hoje em dia, é uma sala de arquivos que depende do museu de Florença. Como sabe, deveria ter uma licença do conservador para estar aqui. E se o meu pai me visse ficaria furioso. Mas visto ser um amigo de Lorenzo, esteja como em sua casa. Eu vou ajudá-lo a procurar.

Jonathan, Lorenzo e Graziella afadigavam-se em redor da mesa. Ao folhear as páginas do registo, Jonathan imaginava Vladimir a andar de um lado para o outro enquanto esperava que as suas encomendas fossem preparadas. Radskin dizia que a responsabilidade de um pintor não se limitava à excelência estética e técnica da sua composição, que era também sua obrigação protegê-la dos assaltos do tempo. Quando ensinava na Rússia, sucedera-lhe muitas vezes lamentar os danos causados por restauros infelizes, praticados em telas de mestres que admirava. Jonathan conhecia alguns restauradores em Paris que concordavam plenamente com o ponto de vista do seu pintor. Subitamente, ouviram estalar a escada, o sangue gelou-se-lhes nas veias, alguém subia. Graziella precipitou-se para os registos e recolocou-os no seu lugar o mais depressa que pôde. Ouviu-se a maçaneta da porta rodar e Graziella mal teve tempo de assumir uma atitude inocente para acolher o pai que entrava nas águas-furtadas, com o rosto fechado. Giovanni cofiou a barba e perguntou a Lorenzo, num tom severo:

– O que é que estás a fazer aqui? Não tínhamos encontro marcado.

– Giovanni, tenho sempre tanto prazer em te ver! – respondeu Lorenzo, encaminhando-se alegremente para ele.

Apresentou Jonathan ao seu anfitrião. Os traços do rosto de Giovanni suavizaram-se assim que percebeu que a sua filha não estava sozinha com Lorenzo nas águas-furtadas da sua casa.

– Não censures a tua filha, pois fui eu que lhe supliquei que deixasse um dos meus mais fiéis amigos ver este lugar único em Florença. Ele vem da América, de Bóston. Apresento-te Jonathan Gardner, conhecemo-nos nos bancos da faculdade de Paris onde estudámos juntos. É um dos maiores peritos que existem no mundo.

– O exagero não é uma fatalidade nacional, Lorenzo, vê lá se te esforças! – disse o pai de Graziella.

– Papá! – admoestou a sua filha.

Giovanni mediu Jonathan dos pés à cabeça, cofiou a barba, a sua sobrancelha direita arqueou-se e finalmente estendeu-lhe a mão.

– Bem-vindo a minha casa, se é amigo de Lorenzo também é meu amigo. Mas agora seria melhor descerem para poderem continuar a vossa conversa. Os ocupantes desta sala não apreciam muito as correntes de ar. Sigam-me.

O velho conduziu-os a uma imensa cozinha. Uma mulher com os cabelos presos por um lenço estava em frente dos fornos. Puxou o cordão do seu avental e virou-se, estendendo uma mão generosa aos convidados da filha. Jonathan observou-a e o trejeito das suas pálpebras traiu a falta que sentia de Clara, facto que o apanhou de surpresa. Uma hora mais tarde, Lorenzo e Jonathan deixavam a casa de Giovanni.

– Ficas esta noite? – perguntou Lorenzo enquanto caminhavam pelas ruas.

– Sim, quero saber o resultado das investigações que pedi à tua amiga que fizesse.

– Graziella cumprirá a sua palavra, podes confiar nela.

– Se o pai a deixar trabalhar.

– Não te preocupes, conheço-o bem, à primeira vista parece temível, mas diante da filha derrete-se como se fosse de neve.

– Fico-te a dever um enormíssimo favor, Lorenzo!

– Porque é que não vens jantar lá a casa? A Luciana gostará de te rever, e poderemos falar dos teus trabalhos.

Lorenzo deixou Jonathan em frente do seu hotel e foi trabalhar para a academia das artes, onde dirigia um departamento de investigações. Jonathan gostaria de ter ido à Galleria degli Uffizi, mas o museu estava fechado. Enchendo-se de paciência, atravessou a Ponte Vecchio e caminhou até à Piazza Pitti. Comprou um bilhete na bilheteira e entrou nos jardins de Boboli.

Atravessou o pátio interior e subiu as escadarias que permitem atingir o terraço, separado do palácio pela fonte de Carciofo. A vista que dali se desfrutava de Florença era fantástica. Ao longe, a cúpula e o campanário destacavam-se dos telhados que pareciam encavalitar-se uns nos outros até ao infinito. Lembrou-se do quadro que Camille Corot pintou em 1840. Na perspectiva do parque, abria-se o anfiteatro construído no século XV. No seu centro, admirou o fontanário romano e o obelisco egípcio. Dirigiu-se ao alto da colina. À sua direita, uma alameda subia e desembocava num largo. Sentou-se junto de uma árvore para recuperar o fôlego na suavidade da tarde florentina. Próximo, num pequeno banco de pedra, estava sentado um casal de mãos dadas. Admiravam em silêncio a majestade das obras que os rodeavam. Reina nos jardins de Boboli uma atmosfera impregnada de uma quietude a que só os séculos podem dar forma. Uma onda de melancolia atravessou-o, fazendo-o fechar os olhos à doçura da intimidade do casal. Depois começou a andar na direcção do Viottolone.

A longa alameda ladeada por ciprestes seculares descia acentuadamente e desembocava na Piazzale dell'Isolotto, onde pontificava um tanque circular ornado de estátuas. No seu centro, numa pequena ilha, viam-se algumas laranjeiras e limoeiros. Jonathan aproximou-se da fonte do Oceano. No meio das personagens míticas, o rosto de Vladimir reflectiu-se de repente na água calma, como se o pintor se tivesse aproximado nas suas costas sem que ele ouvisse os seus passos. Jonathan virou-se e viu o que lhe pareceu ser a silhueta de Vladimir, que agora se escondia atrás de uma árvore. O velho pintor deambulava calmamente no meio de todas as culturas passadas que impregnam este lugar com os seus perfumes secretos. Intrigado, Jonathan seguiu-o no seu passeio até ao tanque de Neptuno; Vladimir deteve-se diante da estátua da Abundância e aproximou-se dele. Com um dedo a apontar para a boca, fez-lhe sinal para não dizer nada, pousou uma mão protectora no seu ombro e arrastou-o.

A alameda que desciam um ao lado do outro conduzia-os às imediações do Belvédère. Seguiram por uma grande rampa, à direita do palácio, que ia dar às grutas. «É uma criação de Buontalenti, contêm várias salas ornadas com fontanários, pinturas, estalactites e uma rocha esculpida», soprou-lhe o seu pintor ao ouvido. «Repara como tudo isto é bonito», murmurou ainda. Depois saudou-o e desapareceu no seu devaneio. Jonathan levantou-se do banco onde tinha adormecido.

Ao sair do parque, passando diante da pequena fonte de Baco, saudou o pequeno anão que cavalgava uma tartaruga.

Graziella subiu em bicos de pés às águas-furtadas. Rodou com todo o cuidado a maçaneta da porta, percorreu as longas estantes e pegou delicadamente no registo. Pousou-o sobre a mesa e à luz de um pequeno candeeiro começou a investigar o que Lorenzo lhe pedira. Absorta na sua leitura, sobressaltou-se quando o pai se sentou ao seu lado. Ele pôs-lhe o braço sobre os ombros e apertou-a contra si.

– Ora então minha filha, o que é que nós procuramos para os teus amigos?

Ela sorriu e beijou-o na bochecha. As páginas dos velhos livros foram viradas e as finas partículas de pó que cintilavam alinhando-se nos raios de luz retraçavam todas as escritas passadas daqueles lugares carregados de mistérios. Graziella e Giovanni trabalharam até ao fim do dia.

A noite caía em Florença. Jonathan chegou diante da fachada do século XVI onde se situava o apartamento de Lorenzo. Nesse mesmo momento, Graziella saía para o pátio da casa Zecchi. Não era para se proteger da frescura da noite toscana que se cobrira com um grande xaile, mas sim para esconder, apertado contra o corpo, um grande registo com a encadernação muito estalada. Levantou os olhos na direcção das janelas, o pai e a mãe estavam diante da televisão, ela passou o portão e desapareceu nas ruas da cidade velha.

Em Londres, Clara estava na companhia de um leiloeiro inglês e do perito que o acompanhava. Olhou discretamente o seu relógio. Os concorrentes de Jonathan e de Peter foram informados de que ela já tinha feito a sua escolha e que a candidatura que eles apresentavam não seria considerada. Deixou a divisão. Antes de fechar a porta, Clara olhou a reprodução da pintura de Camille Corot pendurada na parede da sala de reuniões. Era de uma fidelidade impressionante. Abandonou-se à paisagem, o seu espírito flutuava para além dos telhados de Florença.

Anna caminhava nas ruas do mercado ao ar livre do velho porto de Bóston. Instalou-se na esplanada de um dos numerosos cafés que ladeavam as alamedas. Abriu o seu jornal. Uma mulher de cabelos brancos chegou passados dez minutos e sentou-se à sua frente.

– Peço desculpa pelo atraso, mas o trânsito está infernal.

– Então? – perguntou Anna, pousando o jornal.

– Então, está tudo melhor do que podia imaginar. Se decidisse publicar um dia os meus trabalhos, ganharia o prémio Nobel.

– Se publicasses um dia os teus trabalhos, metiam-te imediatamente num manicómio.

– É provável que tenhas razão, a humanidade renegou sempre as descobertas que a perturbam. E, não obstante, como dizia um dos meus velhos amigos, ela gira!

– Tens as fotos?

– Claro que tenho as fotos.

– Então tudo vai bem no melhor dos mundos. Quero acabar com isto depressa – disse Anna.

– Paciência, minha querida – prosseguiu a mulher de cabelo branco –, esperamos por este momento há uma eternidade, por isso reserva-me as próximas semanas. Elas passarão bem mais depressa do que tu imaginas, confia em mim.

– Foi o que sempre fiz – disse Anna, levantando o braço para chamar o empregado.

Luciana tinha preparado um jantar sumptuoso. Os dois filhos de Lorenzo cumprimentaram Jonathan. Graziella chegou quando se preparavam para se sentarem à mesa.

– Acho que encontrei qualquer coisa – disse Graziella –, mas veremos isso mais tarde.

Assim que o jantar terminou, foi buscar à entrada o embrulho que trouxera debaixo do xaile.

Pousou o registo na mesa da sala e abriu-o. Jonathan e Lorenzo sentaram-se ao seu lado.

– O vosso Vladimir não veio a Florença, em todo o caso nunca pôs os pés na casa Zecchi.

– É impossível! – exclamou Jonathan.

Lorenzo fez-lhe sinal para deixar Graziella falar. Graziella virou uma página e depois outra, antes de voltar atrás.

– Olhem, é aqui – disse ela, apontando a escrita fina traçada com tinta azul.

Indicou com o dedo a primeira coluna, onde estava registado o objecto da encomenda: pigmentos, óleo, pincéis, solvente, fixador; a segunda indicava a data de preparação, a terceira a soma a pagar e por fim, a última, o nome do cliente. No final da linha manuscrita, figurava o nome de Sir Edward.

– Não era ele que cá vinha – acrescentou ela.

O mistério que Jonathan viera esclarecer nestes lugares adensava-se.

– Fiz uma lista exaustiva de tudo aquilo que ele comprava. Um pormenor vai interessar-vos. O menos que se pode dizer é que o galerista não poupava nas despesas. Os óleos que escolhia custavam uma verdadeira fortuna nessa época.

Graziella explicou a Jonathan que os operários, para aumentar a sua pureza, espalhavam os óleos em grandes recipientes que colocavam sobre os telhados a ferver da casa Zecchi. À noite, recolhiam apenas a superfície do líquido.

– Mas não é tudo, descobri quais os pincéis que ele utilizava. Eram da marca *Majolicas*, de grande qualidade, feitos com os mesmos pêlos que eram utilizados no fabrico dos pincéis de barba. Esses pincéis também eram caríssimos. Mas permitiam que as misturas de cores na paleta do pintor fossem muito homogéneas e regulares.

Luciana levou-lhes café, que eles foram beber para longe dos registos que Graziella fechou com todo o cuidado.

– Se o teu pai descobre o que estás a fazer vou ouvir gritar o meu nome na cidade inteira – disse Lorenzo, olhando-a.

– Foi ele que me ajudou a embrulhar o registo. Conheces o meu pai tão bem como eu.

Lorenzo fora aluno de Giovanni, um aluno terrível, como o qualificava o pai de Graziella, mas um dos seus preferidos, porque a sua curiosidade era inesgotável.

– Em contrapartida – continuou Graziella –, preferia estar de férias em Roma, se por acaso ele descobrisse o que acabei de fazer.

Graziella tirou do bolso um papel onde copiara todas as composições dos pigmentos que Sir Edward comprara em Florença.

– Recolhi uma amostra de cada uma delas. Podem compará-las às que foram utilizadas no vosso quadro, não sei se será suficiente para o autentificar, mas é tudo o que posso fazer.

Jonathan levantou-se e abraçou Graziella.

– Não sei como lhe agradecer – disse-lhe. – Isto é exactamente o que eu precisava.

Graziella corou, libertou-se do seu abraço espontâneo e tossiu.

– Revele a verdade em relação ao seu pintor, também eu gosto muito do seu Vladimir.

O serão chegou ao fim. Lorenzo acompanhou Graziella e o seu precioso manuscrito. Quando a deixou em frente da casa Zecchi, ela perguntou-lhe se Jonathan era solteiro. Lorenzo sorriu e disse-lhe que pressentia que a vida sentimental do seu amigo era um pouco complicada naquele momento. Graziella encolheu os ombros e sorriu.

– É sempre assim quando um homem me agrada. Afinal de contas, como dizia a minha avó, para se dar um belo encontro têm de ser as pessoas certas e o momento certo, mas gostei muito de o conhecer. Cumprimenta-o por mim e diz-lhe que, se por acaso regressar um dia sozinho a Florença, terei muito prazer em almoçar com ele.

Lorenzo prometeu dar o recado e, assim que a porta de Graziella se fechou, começou a andar em direcção a sua casa. Luciana aproveitou a ausência de Lorenzo para conversar com Jonathan.

– Então, pelo que me disse Lorenzo, lá te decidiste, vais finalmente casar?

– No dia 19 de Junho, se quiserem vir seria formidável.

– E formidavelmente acima das nossas possibilidades! O meu marido tem uma profissão admirável e vê-lo viver a sua paixão é algo que todos os dias me faz feliz. Mas os fins de mês de um investigador são assaz rigorosos. Nós somos felizes, sabes, Jonathan, nunca deixámos de ser felizes, temos tudo aquilo de que necessitamos, há muito amor nesta casa.

– Eu sei disso, Luciana, tu e o Lorenzo são pessoas que admiro muito.

Luciana inclinou-se para ele e pegou-lhe na mão.

– Também estás a preparar um belo futuro com a mulher com quem vais casar?

– Porque é que me perguntas isso?

– Porque, considerando que te vais casar daqui a algumas semanas, não te acho muito feliz.

– Tenho andado um pouco confuso nestes últimos tempos, devia estar junto dela em Bóston para a ajudar a preparar a cerimónia e em vez disso estou em Florença a correr atrás de enigmas que esperam há mais de um século, e que poderiam ter esperado mais alguns meses...

– Mas então porque o fazes?

– Não sei.

– Eu cá acho que sabes perfeitamente, tu és um homem inteligente. Foi só esse quadro que apareceu na tua vida?

Jonathan olhou espantado para Luciana.

– O quê, agora tens dons de vidência?

– O único dom que tenho – disse-lhe Luciana – é o de conseguir ter sempre tempo de olhar para o meu marido, para os meus filhos e para os meus amigos, é a minha maneira de os compreender e de os amar.

– E quando olhas para mim, o que é que vês?

– Vejo duas luzes nos teus olhos, Jonathan. É um sinal que não engana. Uma ilumina a tua razão e a outra os teus sentimentos. Os homens complicam sempre tudo. Cuidado, o coração acaba por se rasgar quando o puxamos de mais. Para ouvir o que ele te diz, basta saber escutar. Eu conheço um meio fácil...

Lorenzo tocou à porta. Luciana levantou-se e sorriu a Jonathan.

– Esqueceu-se outra vez das chaves!

– O que é que é fácil, Luciana?

– Com a sangria que te servi, dormirás muito bem esta noite, fui eu que a preparei e conheço perfeitamente os seus efeitos. Amanhã de manhã, quando acordares, presta atenção ao primeiro rosto que te aparecer, porque, se for o da pessoa na qual pensaste ao adormecer, encontrarás a resposta à questão que te atormenta.

Lorenzo entrou na sala e deu uma palmada no ombro do seu amigo. Jonathan levantou-se e despediu-se dos seus anfitriões com ternura. Prometeu não deixar passar tanto tempo antes de os visitar outra vez. O casal acompanhou-o à porta e Jonathan prosseguiu sozinho o seu caminho até à Piazza della Repubblica. O café Gilli estava a fechar e os empregados arrumavam a esplanada. Um dos empregados fez-lhe um sinal amigável. Jonathan retribuiu e atravessou a praça quase deserta. Enquanto caminhava, não parou de pensar em Clara.

Clara entrou no pequeno apartamento que ocupava em Notting Hill. Não acendeu nenhuma luz, deixando a sala na penumbra. Passou a mão sobre a mesa da entrada, deixou-a vaguear nas costas do canapé, correr sobre o abajur que cobria a lâmpada, e foi até à janela. Olhou a rua deserta em baixo e despiu a gabardina, deixando-a deslizar para o chão. Desfez o nó da saia e tirou a blusa. Ficou nua, pegou na manta pousada nas costas de uma cadeira e enrolou-se nela. Lançou um olhar furtivo ao telefone, suspirou e entrou no seu quarto.

Jonathan deixara o Savoy de madrugada e apanhara o primeiro voo para Londres. Assim que o avião pousou, lançou-se a correr nos intermináveis corredores de Heathrow, passou a alfândega a arfar e prosseguiu a sua corrida. Ao chegar ao *hall* do terminal, viu a longa fila na estação dos táxis, deu meia volta e precipitou-se para o comboio expresso. O Heathrow Express chegava ao centro da capital em quinze minutos: se não perdesse o próximo, poderia chegar a tempo de transformar em realidade aquele desejo que sentira assim que tinha acordado.

Chegou a arfar ao cimo das vertiginosas escadas rolantes que mergulhavam em direcção ao fundo da terra. Jonathan desceu-as quatro a quatro, abordou uma curva perigosa com o chão de mármore escorregadio e atingiu um longo corredor cujo fim não conseguia ver. Os painéis electrónicos suspensos a intervalos regulares do tecto anunciavam a próxima partida para Londres dali a dois minutos e vinte e sete segundos. A plataforma ainda não estava visível, Jonathan pôs-se a correr cada vez mais depressa.

O corredor parecia não ter fim, uma campainha começou a tocar, a contagem dos segundos piscava nos painéis luminosos. Jonathan utilizou as suas derradeiras forças. As portas do comboio estavam a fechar-se quando finalmente atingiu o cais. Jonathan lançou os braços para a frente e atirou-se para dentro da carruagem. O Heathrow Express das 8h45 pôs-se em movimento. Os quinze minutos da viagem permitiram-lhe recuperar minimamente o fôlego. Assim que o comboio parou, Jonathan atravessou a estação de Paddington a correr e saltou para dentro de um táxi. Eram precisamente 9h10 quando por fim se instalou no pequeno café em frente do n.º 10 de Albermarle Street. Clara chegaria daí a cinco minutos. Quem tinha dito que para conhecer os hábitos de outra pessoa bastava vê-la viver durante algum tempo?

Absorta na leitura de um artigo, Clara dirigiu-se num passo automático para o balcão. Pediu um *capuccino* sem levantar os olhos, pôs uma moeda sobre a caixa, pegou na sua chávena e foi sentar-se ao balcão encostado à janela.

Levava o seu café aos lábios quando um lenço branco entrou no seu campo de visão. Clara não levantou imediatamente a cabeça e, sentindo que refrear a alegria que a invadia seria um verdadeiro desperdício, virou-se cheia de vontade de abraçar Jonathan. Mas sentou-se de novo rapidamente no seu tamborete, tentando esconder o rosto e dissimular a sua perturbação atrás da chávena do café.

– Tenho boas notícias – disse Jonathan.

Entraram na galeria e Jonathan contou-lhe todos os pormenores da sua viagem a Itália.

– Não compreendo – disse Clara com um ar pensativo. – Numa carta a um dos seus clientes, Sir Edward manifestou a sua satisfação por ter enviado Vladimir a Florença. Por que razão terá mentido?

– É exactamente essa a pergunta que me faço!

– Quando poderá comparar as amostras das composições que trouxe com as que foram utilizadas na tela?

– Tenho de falar com Peter para que ele me recomende a um laboratório em Inglaterra.

Jonathan olhou para o seu relógio, era quase meio-dia em Londres e 7 horas da manhã na costa leste dos Estados Unidos.

– Talvez ele ainda não esteja deitado!

Peter procurava às apalpadelas a fonte daquele barulho insuportável que o impedia de acabar decentemente a sua noite. Retirou a máscara que lhe cobria os olhos, passou o braço sobre o rosto adormecido de uma denominada Anita e pegou no auscultador a resmungar:

– Seja você quem for, acaba de perder um ente querido!

E desligou.

Alguns segundos depois, a campainha recomeçou a tocar, fazendo Peter emergir do seu espesso cobertor.

– Nunca vi ninguém mais chato e mais teimoso! Quem fala?

– Sou eu – respondeu calmamente Jonathan.

– Sabes que horas são? E que hoje é domingo?

– Terça-feira, Peter, hoje é terça-feira!

– Merda, não vi o tempo passar.

Enquanto Jonathan lhe explicava de que é que necessitava, Peter abanou delicadamente a criatura que dormia ao seu lado. Murmurou ao ouvido de Anita para ela se ir arranjar rapidamente, porque estava mais que atrasado.

Anita encolheu os ombros e levantou-se. Peter foi atrás dela, agarrou-lhe num braço e beijou-a no rosto.

– Deixo-te em tua casa se estiveres pronta daqui a dez minutos.

– Estás a ouvir-me? – perguntou Jonathan do outro lado da linha.

– E quem é que queres que eu esteja a ouvir? Mas é melhor repetires o que me acabaste de dizer, aqui é muito cedo.

Jonathan pediu-lhe para o pôr em contacto com um laboratório inglês.

– Para passar a tela nos raios X tenho um amigo a quem poderás ligar da minha parte, o laboratório não fica muito longe do hotel onde estás.

Jonathan escreveu num papel o endereço que Peter lhe ditava.

– Para as análises orgânicas – prosseguiu Peter –, deixa-me fazer uns telefonemas.

– Tens o dia todo, mas não te esqueças de que quem está com pouquíssimo tempo és tu.

– Obrigado por mo lembrares assim que salto da cama, eu de facto sentia que me faltava qualquer coisa para começar bem o meu dia!

Peter já tinha classificado quase todos os documentos que trouxera de Londres. As horas passadas nos arquivos da Christie's tinham-lhe permitido fotocopiar excertos de artigos publicados durante os anos em que Radskin vivera em Inglaterra.

Assim que acabasse de os ler, faria uma síntese do conteúdo de todos os que falavam do famoso leilão organizado por Sir Edward, aquele durante o qual o quadro se tinha volatilizado.

– Temos de descobrir a razão por que desapareceu.

– Isso é tranquilizador, só procuramos essa informação há vinte anos, vou certamente conseguir elucidar o mistério em quinze dias! – respondeu Peter num tom sarcástico.

– Lembras-te do que te dizia aquele teu amigo polícia? – retomou Jonathan.

– Tenho imensos amigos na polícia, por isso tens de ser mais preciso!

– Aquele que mora em S. Francisco!

– Ah, sim, Georges Pilguez!

– Citaste-me as suas palavras pelo menos umas cem vezes no decorrer das nossas investigações: basta um pequeno indício para se reatar o fio de um acontecimento.

– Acho que Pilguez dizia isso com outra eloquência, mas compreendo o que me estás a dizer. Ligo-te assim que acabar de organizar a sequência do protocolo de exames.

Anita saiu da casa de banho no momento em que Peter pousou o auscultador. Tinha vestido uns *jeans* e uma *T-shirt* suficientemente justos para dispensarem o ferro depois de lavados. Peter hesitou e estendeu a mão à jovem para ela o ajudar a levantar-se. Foi imediatamente puxada para cima da cama.

Jonathan marcou o número que Peter lhe indicara. O radiologista quis saber as dimensões da tela e pediu-lhe para esperar um momento. Passados uns instantes, pegou de novo no auscultador para dizer a Jonathan que estava com sorte porque lhe restavam duas placas de radiografia com as dimensões necessárias.

O encontro foi marcado para o início da tarde. Clara e Jonathan olharam-se hesitantes e depois precipitaram-se para os cobertores, com os quais embalaram o quadro. A caixa de protecção e o camião blindado tinham-se evaporado na febre da sua demanda. Saltaram ambos para dentro de um táxi que os deixou numa pequena rua entre Park Lane e Green Park. Tocaram ao intercomunicador e uma voz convidou-os a subirem ao segundo andar. Jonathan subiu os degraus, impaciente e intrigado. Clara seguiu-o.

Uma assistente vestida com uma blusa branca abriu a porta e fê-los entrar para uma sala de espera. Uma mulher grávida esperava o relatório da sua ecografia do quarto mês, um jovem com a perna engessada olhava para a sua última radiografia de controlo. Quando a doente com o braço ao peito perguntou a Jonathan com uma voz melíflua qual era exactamente o seu problema, Clara escondeu-se atrás de um exemplar do *Times* que tirou da mesinha à sua frente. O Dr. Jack Seasal apareceu à porta e fez um sinal discreto a Jonathan e a Clara. «Uma urgência», disse ele, desculpando-se perante os outros doentes.

– Então mostrem-me lá essa maravilha! – exclamou encantado, fazendo-os entrar na sala dos raios X.

Jonathan retirou os cobertores e Jack Seasal, amigo de Peter e grande apreciador de pintura, extasiou-se diante da beleza da *Jovem de Vestido Vermelho*.

– Peter não exagerou – disse ele, colocando a mesa de exame na horizontal. – Penso ir visitá-lo a Bóston em Setembro, vou lá a um congresso de médicos – prosseguiu, ajudando Jonathan a instalar a tela.

O radiologista demarcou a zona onde incidiriam os raios com a ajuda de marcadores. Com uma série de gestos seguros inseriu debaixo da mesa a placa com o filme, ajustou o gerador perpendicularmente à superfície da tela e estendeu dois aventais castanhos aos seus visitantes.

– Para vos proteger! – disse ele. – É obrigatório.

Depois de colocarem os aventais de chumbo, Clara e Jonathan recuaram para trás da cabine de vidro. O Dr. Seasal verificou uma última vez a sua aparelhagem e juntou-se a eles. Carregou num botão. O feixe de raios atravessou cada uma das camadas do quadro a fim de revelar num negativo com uma química assaz particular alguns dos mistérios que ele escondia.

– Não respirem, vou fazer outra radiografia – disse o médico indo trocar de placa.

Jonathan e Clara esperaram pacientemente junto do aparelho que revelava os filmes. O Dr. Seasal regressou passados quinze minutos. Retirou do painel retrofluorescente duas radiografias de um fémur e de um pulmão direito, substituindo-as pelas que acabara de revelar. A radiografia do quadro de Vladimir apareceu em transparência. Para qualquer perito ou restaurador, radiografar um quadro constitui um momento muito particular. Os raios X revelam uma parte invisível da obra, e poderiam fornecer a Jonathan indicações preciosas sobre a natureza do suporte que Vladimir havia utilizado. Comparando aquelas radiografias com as obtidas a partir de outros quadros do mesmo pintor, ficaria a saber se a tela sobre a qual fora pintada *A Jovem de Vestido Vermelho* era igual às que tinham sido utilizadas por Radskin em Inglaterra.

Ao estudar a radiografia mais de perto, Jonathan pensou ter visto algo.

– Pode apagar a luz da sala? – murmurou ele.

– São de facto as únicas radiografias cujo conteúdo não posso descrever – disse Jack Seasal dirigindo-se para o interruptor –, espero no entanto que aprecie a excelente qualidade das provas.

A sala ficou mergulhada numa penumbra apenas contrariada pela luz do painel preso à parede. Os corações de Clara e de Jonathan começaram a bater ao mesmo ritmo. Diante dos seus olhos esbugalhados, uma série de anotações a lápis surgiu de um lado e de outro da *Jovem de Vestido Vermelho*.

– O que é isto? O que é que ele nos quis dizer?

– Só consigo ver uma série de números e algumas letras maiúsculas – respondeu Clara com a mesma entoação.

– Eu também, mas se conseguir autentificar a sua caligrafia, temos a nossa prova – murmurou Jonathan.

O Dr. Seasal tossiu nas suas costas. Na sala de espera, os pacientes eram-no cada vez menos! Jonathan pegou nas radiografias, Clara protegeu o quadro com os cobertores e ambos agradeceram calorosamente ao radiologista o seu acolhimento. Ao despedirem-se, prometeram transmitir os seus cumprimentos a Peter assim que falassem com ele.

De retorno à galeria, instalaram-se em redor da mesa luminosa na qual Clara costumava ver os diapositivos. Passaram o resto do dia a estudar as radiografias. Clara redesenhava metodicamente as anotações de Vladimir no caderno de

Jonathan. Ele deixou-a durante alguns instantes para ir buscar alguns documentos ao seu saco.

Num momento de descuido, Clara deixou cair o caderno, inclinou-se para o apanhar e tentou encontrar a página na qual estava a escrever. Parou de repente noutra folha. O seu dedo como que acariciou o esboço de um rosto que ela reconhecia. Jonathan foi ter com ela. Clara fechou rapidamente o caderno e pousou-o sobre a mesa.

As letras maiúsculas que Vladimir havia traçado a lápis na sua tela não permitiam identificar formalmente o seu autor. No entanto, os esforços daquele dia não tinham sido inúteis. Jonathan pudera analisar a tela que servira de suporte à pintura, e que era exactamente igual às que tinha estudado no passado. Tecida numa trama com catorze fios horizontais e catorze verticais por centímetro quadrado, era perfeitamente idêntica às que Sir Edward fornecia a Vladimir. O mesmo sucedia quanto à armação na qual tinha sido esticada. Ao cair da noite, Jonathan e Clara fecharam a galeria e decidiram caminhar pelas ruas calmas do bairro.

– Queria agradecer-lhe pelo que está a fazer – disse Clara.

– Ainda estamos muito longe do objectivo – respondeu Jonathan –, e além disso sou eu que tenho de lhe agradecer.

Enquanto caminhavam pelos passeios desertos, Jonathan revelou que ainda precisaria de ajuda para cumprir a sua missão a tempo. Mesmo que estivesse convencido da autenticidade do quadro, seriam necessários outros exames para poder formar um parecer incontestável.

Clara deteve-se sob a luz de um candeeiro e virou-se para ele. Queria falar-lhe, encontrar as palavras certas, mas talvez naquele preciso momento o silêncio fosse ainda o que de mais certo havia entre eles. Ela inspirou e recomeçou a caminhar. Jonathan também permaneceu silencioso. Uns metros mais à frente, chegaram ao hotel dele e separaram-se debaixo do átrio. Naquele momento da noite, Jonathan gostaria de prolongar indefinidamente os passos que ainda tinham de dar. E no ligeiro balancear dos seus braços caídos, as suas duas mãos tocaram-se. O dedo mindinho de Clara agarrou-se ao seu, os outros enlaçaram-se. Na noite londrina, duas mãos tornaram-se apenas uma, e a vertigem recomeçou.

Sumptuosos castiçais de cristal iluminavam com as suas mil velas uma imponente sala de leilões, cujos lugares estavam todos ocupados. Homens de chapéu alto e fraque apressavam-se nas coxias, ocupando o mais pequeno recanto. Alguns estavam acompanhados por mulheres com amplos vestidos. Sobre um estrado, atrás de um púlpito, um leiloeiro oficiava. O martelo caiu, ao ser adjudicada uma jarra antiga. Atrás dele, nos bastidores onde Jonathan e Clara pensavam estar, alguns homens de bata cinzenta apressavam-se. Um painel forrado de veludo vermelho rodou sobre um eixo e a jarra desapareceu da sala. Foi retirada do seu suporte por um dos homens, que a substituiu imediatamente por uma escultura.

O homem rodou o painel, expondo o bronze perante os licitantes. Jonathan e Clara olharam-se. Era a primeira vez que eles se adivinhavam um ao outro nas suas vertigens inexplicáveis. Embora não conseguissem pronunciar qualquer palavra, não sentiam o sofrimento das crises anteriores. Bem pelo contrário, sempre de mãos dadas, os seus corpos pareciam livres de toda a idade. Jonathan aproximou-se de Clara, ela abandonou-se contra ele e ele reconheceu o perfume da sua pele. O martelo do leiloeiro fê-los sobressaltar, um estranho silêncio invadiu a sala. O painel rodou novamente, a escultura foi retirada e o homem de bata cinzenta pendurou um quadro que ambos reconheceram imediatamente. Um oficial de diligências anunciou que ia ser leiloada a obra-prima de um grande pintor russo. O quadro, que se encontrava penhorado, precisou o oficial, provinha da colecção particular de Sir Edward Langton, galerista reputado da sociedade londrina. Um amanuense atravessou a sala e subiu ao estrado com um envelope na mão, que entregou ao oficial de diligências. Este abriu o envelope e retirou dele um papel que leu. Inclinou-se em seguida para o leiloeiro e transmitiu-lhe o seu conteúdo. O rosto deste ficou branco. Pediu ao jovem amanuense para se aproximar e fez-lhe uma pergunta ao ouvido:

– Ele entregou-lhe esta carta em mão própria?

O amanuense juramentado fez que sim com a cabeça. Então o leiloeiro ordenou aos gritos que os homens de bata cinzenta retirassem o quadro, porque se tratava de uma falsificação! Depois apontou para um homem sentado na última fila. Todos os olhares convergiram na direcção de Sir Edward, que se levantou precipitadamente. Uma voz elevou-se e berrou que era um escândalo, outra que se tratava de uma aldrabice, uma terceira perguntou de que modo seriam pagos os credores, uma quarta gritou que tudo aquilo não passava de uma fraude.

O homem, corpulento, abriu caminho por entre a multidão que o rodeava, conseguindo atingir as portas que permitiam aceder à grande escadaria. Desceu os degraus a correr, perseguido pelos negociantes de arte e fugiu para a rua. A sala de vendas esvaziou-se atrás dele.

«Depressa, depressa», murmurou a voz aos ouvidos de Jonathan. À sua frente, um casal fugia, levando embrulhada num cobertor a última obra de Vladimir Radskin. Depois de terem desaparecido nos bastidores de um outro tempo, a vertigem desvaneceu-se pouco a pouco.

Clara e Jonathan olharam-se surpreendidos. Na rua deserta, as lâmpadas dos candeeiros deixaram de brilhar. Eles levantaram lentamente a cabeça e viram na fachada principal do edifício, diante do qual tinham dado as mãos, uma inscrição gravada na pedra branca que dizia: «No século XIX funcionava aqui a casa de leilões do Condado de Mayfair.»

7

Peter fechava a porta do seu escritório quando o telefone tocou. Voltou atrás e carregou no botão do altifalante. O senhor Gardner desejava falar-lhe; ele atendeu imediatamente.

– Deve ser muito tarde para ti, preparava-me para sair – disse ele, pousando o seu saco no chão.

Jonathan informou-o do progresso das suas investigações. Tinha autentificado o suporte do quadro, mas não conseguia encontrar o mínimo sentido nas anotações que o pintor escondera sob a pintura e, além disso, para sua grande infelicidade, a escrita em letras maiúsculas não permitia qualquer identificação formal. Jonathan necessitava da ajuda do seu amigo. Os exames que ele queria realizar requeriam meios técnicos de que poucos laboratórios privados dispunham. Peter tinha uma ideia, um contacto em Paris que talvez lhes pudesse valer.

Antes de desligar, Peter falou de uma descoberta que fizera ao folhear os arquivos londrinos. Um artigo de jornal de 1867, que até à data lhes tinha escapado, relatava um escândalo ocorrido durante um leilão. O jornalista não fornecia mais pormenores.

– O jornalista estava mais interessado em destruir a reputação do teu galerista – disse Peter.

– Tenho boas razões para pensar que o quadro foi roubado nessa noite ou em todo o caso subtraído mesmo antes da sua apresentação – respondeu Jonathan.

– Por Sir Edward? – perguntou Peter.

– Não, não foi ele que escondeu o quadro num cobertor.

– De que é que estás a falar? – perguntou Peter.

– É um pouco complicado, explicar-te-ei mais tarde.

– Em todo o caso – prosseguiu Peter –, não era do seu interesse. A venda teria aumentado consideravelmente o valor da sua colecção, e é o leiloeiro quem to diz.

– Acho que a fortuna de que se vangloriava se tinha esgotado há muito – concluiu Jonathan.

– Mas quais são as tuas fontes? – perguntou Peter intrigado.

– É uma longa história, meu caro, e não penso que tenhas vontade de a ouvir. Talvez Sir Edward não fosse o *gentleman* que nós supusemos – acrescentou Jonathan. – Conseguiste obter informações sobre a sua partida precipitada para os Estados Unidos?

– Pouquíssima coisa. Mas acertaste na precipitação. Não sei o que se passou com ele, mas o mesmo artigo conta que a sua casa de Londres foi saqueada nessa mesma noite. A polícia conseguiu evacuar as pessoas antes que lançassem fogo à casa. Quanto a ele, nunca mais reapareceu.

Na véspera, Peter tinha ido aos arquivos do velho porto de Bóston para consultar as listas de passageiros que emigraram de Inglaterra nessa época. Um navio proveniente de Manchester tinha feito escala em Londres antes de atravessar o Atlântico, numa data que correspondia àquela em que Sir Edward poderia ter embarcado.

– Infelizmente para nós – prosseguiu Peter –, não havia nenhum Langton nesse navio, verifiquei a lista três vezes. Mas encontrei algo engraçado, uma outra família que desembarcou desse navio inscreveu-se nos registos da emigração da cidade com o nome de Walton.

– O que é que tem isso de engraçado? – perguntou Jonathan traçando gatafunhos numa folha de papel.

– Nada! Tu próprio o dirás, é sempre comovente encontrar vestígios da nossa origem ou de parentes afastados. Exceptuando uma letra, Walton é o nome de solteira de Anna, a tua futura mulher!

O lápis preto quebrou-se na mão de Jonathan. Instalou--se um grande silêncio. Peter chamou-o várias vezes no outro extremo da linha, carregou impacientemente no comutador, mas Jonathan não respondeu. Ao pousar o auscultador do telefone, perguntou a si próprio como podia Jonathan afirmar que o quadro fora embalado num cobertor.

Jonathan e Clara deixaram Londres ao início da tarde. Peter arranjara um encontro ao fim do dia com o seu contacto de Paris. Enquanto não fosse autentificada, as companhias de seguros não podiam exigir que a tela viajasse sob protecção. De qualquer maneira, o escasso tempo de que dispunham não o permitia. Clara embrulhara-a num cobertor e protegera-a com uma capa de couro.

Um táxi deixou-os no aeroporto da City. Jonathan subiu as escadas rolantes atrás de Clara, deleitando-se com a sua silhueta. Enquanto esperavam pela partida do seu voo, foram até um café situado sobre a pista. Colados à vidraça, podiam ver os pequenos jactos comerciais que se sucediam a intervalos regulares. Jonathan foi ao bar pedir uma bebida fresca para Clara. Encostado ao balcão, pensou em Peter, depois em Vladimir, e acabou por se interrogar sobre o que verdadeiramente o arrastava para aquela corrida. Regressou à mesa e olhou para Clara.

– Há duas perguntas que me faço – disse ele. – Mas nada a obriga a responder-me.

– Comece pela primeira! – disse ela levando o copo à boca.

– Como é que estes quadros lhe foram parar às mãos?

– Estavam pendurados nas paredes do solar quando a minha avó o comprou. Mas fui eu que encontrei *A Jovem de Vestido Vermelho*.

E Clara contou-lhe as circunstâncias em que tinha feito essa descoberta. Alguns anos atrás, decidira fazer obras nas águas-furtadas do solar, mas a estrutura de madeira estava classificada e fora necessário esperar muito tempo por uma autorização administrativa para iniciar os trabalhos. Quando a autorização foi recusada, Clara decidiu abandonar o projecto. Mas o barulho do velho soalho que estalava à noite obcecava-a. O senhor Wallace, um carpinteiro da região que simpatizava com Clara, aceitara desmontar a estrutura às escondidas e substituir as vigas. Assim que o pó retomasse os seus direitos, nem o próprio inspector dos monumentos históricos se aperceberia do que quer que fosse. Um dia, o carpinteiro chamou-a, pois descobrira uma coisa que ela tinha de ver. Clara acompanhou-o até à estrutura do tecto. O homem tinha acabado de descobrir, escondida entre duas vigas, uma caixa de madeira quadrada com um metro de aresta. Com a ajuda do carpinteiro, Clara retirou-a do seu esconderijo e colocou-a sobre uns cavaletes. Protegida por um cobertor cinzento, *A Jovem de Vestido Vermelho* ressurgia do passado e Clara identificou imediatamente o seu autor.

A voz no altifalante interrompeu a sua história. Iniciara-se o embarque. Um casal beijava-se diante do balcão de controlo. A mulher viajava sozinha. Quando ela passou para o outro lado da porta de segurança, o homem acenou com ternura. A mulher desapareceu na curva do corredor e a mão ficou durante algum tempo suspensa no ar. Jonathan viu o homem a dirigir-se para as escadas rolantes, com os ombros curvados. Pensativo, alcançou Clara que se encaminhava para a porta n.º 5.

O City Jet da Air France demorou quarenta e cinco minutos a chegar a Paris. Os documentos da galeria permitiram-lhes passar a alfândega francesa sem problemas. Jonathan reservara dois quartos numa residência hoteleira situada na Avenue Bugeaud. Depois de lá terem deixado as suas bagagens e de terem posto o quadro no cofre, esperaram que caísse a noite. Sylvie Leroy, uma eminente colaboradora do centro de investigação e de restauro dos Museus de França, foi ter com eles ao bar da residência no início da noite. Eles tinham ocupado uma mesa discreta debaixo de uma pequena escada de madeira, cujos degraus subiam em espiral até uma espécie de parapeito ladeado por uma biblioteca. Sylvie Leroy ouviu atentamente Jonathan e Clara, acompanhando-os depois até ao pequeno salão que separava os dois quartos da suíte. Clara abriu o fecho da capa de couro, retirou o cobertor que cobria a tela e colocou-a no parapeito da janela.

– É de facto magnífica – murmurou a jovem cientista num inglês perfeito.

Depois de ter estudado demoradamente o quadro, sentou-se num sofá com um ar resignado.

– Infelizmente não vos posso ajudar, lamento muito. Já o tinha explicado ontem a Peter ao telefone. Os laboratórios do Louvre só se debruçam sobre obras que interessem os museus nacionais. Nunca trabalhamos para os privados. Sem o pedido formal de um conservador, não posso pôr os nossos equipamentos à vossa disposição.

– Compreendo – disse Jonathan.

– Pois eu não – disse Clara. – Viemos de Londres, restam-nos apenas duas semanas para provar que este quadro é autêntico, e vocês dispõem de todos os meios necessários.

– Mas estamos completamente desligados dos problemas do mercado da arte – retomou Sylvie Leroy.

– Mas é precisamente de arte que se trata e não de mercado – disse Clara energicamente. – Lutamos para que a mais importante obra de um pintor lhe seja atribuída, não para que este quadro bata recordes num leilão!

Sylvie Leroy tossicou e sorriu.

– Não exagere, por favor, foi Peter que vos recomendou!

– Mas Clara está a dizer-lhe a verdade. Eu sou um perito, não um negociante de arte – disse Jonathan.

– Sei perfeitamente quem é, senhor Gardner, a sua reputação precede-o. Interesso-me muito pelos seus trabalhos, e alguns foram-me extremamente úteis. Cheguei a assistir a uma conferência sua em Miami. Foi aliás nessa ocasião que conheci e partilhei um jantar tardio com o vosso amigo Peter, mas não tive a sorte de o encontrar a si, pois já se tinha ido embora.

Sylvie Leroy levantou-se e apertou a mão de Clara.

– Gostei muito de o conhecer – disse ela a Jonathan antes de deixar o pequeno salão.

– E o que é que fazemos agora? – perguntou Clara quando a porta se fechou.

– Considerando que preciso de um aparelho fotográfico com infravermelhos, de um equipamento de iluminação rasante, de um espectrómetro de plasma e de um microscópio electrónico, penso que um passeio em Paris seria a melhor coisa a fazer, e de resto tenho uma pequena ideia do lugar onde devemos ir.

O táxi seguia a grande velocidade nas vias rápidas que ladeiam o rio. No eixo da ponte de Trocadéro, as mil luzes da torre Eiffel brilhavam e reflectiam-se nas águas calmas do Sena. Os dourados da cúpula dos Inválidos cintilavam na doçura daquela tarde de Verão. O carro deixou-os na Orangerie. Na Place de la Concorde, um velho bêbado deambulava entre as duas fontes. A água corria profusamente em jactos que saíam da boca das estátuas. Clara e Jonathan caminharam silenciosamente ao longo dos cais. Ao chegarem às Tuileries, olhando a fila de árvores que se estendia à sua esquerda, Jonathan pensou nos jardins de Boboli.

– Quando estivermos em Bóston, vamos passear nas margens do rio Charles? – perguntou Clara.

– Vamos, prometo – respondeu Jonathan.

Passaram diante da Porte des Lions. Debaixo dos seus pés, nas caves do Louvre, encontravam-se os laboratórios de investigação e restauro dos Museus de França.

Sylvie Leroy preparava-se para descer as escadas do metro quando o seu telemóvel tocou. Deteve-se no alto das escadas e procurou o aparelho na sua mala. Assim que pressionou o botão de atendimento, a voz de Peter perguntou-lhe o que fazia ela sem ele na mais romântica das cidades do mundo.

Anna, diante do seu cavalete, dava os últimos retoques num quadro. Deu um passo atrás para apreciar a precisão do seu trabalho. Uma série de pequenos *bips* ecoou pela casa. Anna depositou o pincel numa tigela de barro e foi sentar-se atrás da secretária encostada a uma das janelas do fundo do *atelier*. Instalou-se diante do computador, digitou o seu código pessoal e inseriu um cartão num leitor magnético; uma imagem apareceu imediatamente no ecrã. Uma primeira foto tirada na rua mostrava Jonathan e Clara, lado a lado, contemplando um quadro numa galeria da Albermarle Street. Na segunda, a fraca luz dos candeeiros tingia de cor-de-laranja a pequena rua deserta, mas o olhar que eles trocavam não permitia dúvidas. Na terceira, Jonathan e Clara passeavam nos jardins de uma mansão inglesa. Uma outra fotografia surpreendia-os aos dois, sentados atrás da vidraça de um café, e depois um em frente do outro diante do átrio do hotel Dorchester. Numa sexta, via-se Jonathan encostado ao balcão de um bar de um aeroporto e Clara sentada numa mesa junto à janela que dava para a pista. A fotografia era tão precisa que se conseguiam ver as cores do avião que acabara de aterrar. Um pequeno envelope piscou no canto inferior do ecrã. Anna descarregou o documento anexo à mensagem electrónica que tinha acabado de receber. Uma nova série de fotos digitais acrescentou-se automaticamente no seu computador às precedentes. Anna viu-as uma a uma. Em Paris, no início da avenida Bugeaud, Clara e Jonathan desciam os degraus de um hotel. A última imagem mostrava-os a entrar num táxi, e o documento tinha registada a hora: 21h12. Anna levantou o auscultador do seu telefone e marcou um número urbano. A voz que atendeu disse imediatamente.

– São perfeitas, não é verdade?

– Sim – murmurou Anna –, as coisas estão a tornar-se mais definidas.

– Não sejas demasiado optimista. Temo que as coisas, como tu dizes, não avancem à velocidade desejada. Não te disse sempre que este tipo era de uma lentidão impressionante?

– Alice! – gritou Anna.

– O que é que queres, é a minha opinião e não vejo por que razão não ta dê – prosseguiu a voz na outra extremidade da linha. – A verdade é que só nos restam três semanas para atingir o nosso objectivo, espero que eles não desistam. É um pouco arriscado, mas penso que vão precisar de uma pequena ajuda.

– O que é que pensas fazer? – perguntou Anna.

– Tenho alguns contactos de peso em França, não precisas de saber mais do que isso. Sempre almoçamos amanhã?

– Sim – respondeu Anna, pousando o auscultador.

A mão da sua interlocutora fez o mesmo. Num dos dedos brilhava um diamante.

Clara e Jonathan atravessavam a Passerelle des Arts. A lua crescente via-se nitidamente no céu.

– Está preocupado? – perguntou ela.

– Não vejo como conseguirei autentificar este quadro a tempo.

– Mas se tem a certeza que é dele!

– Tenho a certeza absoluta!

– E a sua convicção não é suficiente?

– Tenho de dar garantias aos sócios de Peter, que também têm de assumir essa responsabilidade. Se a autentificação da tela fosse contestada depois da venda, eles seriam directamente responsáveis perante o comprador e teriam de o reembolsar. Estamos a falar de milhões de dólares. Preciso de provas tangíveis. É imprescindível fazer os exames necessários.

– Mas se não puder utilizar os laboratórios do Louvre, o que pensa fazer?

– Não faço a menor ideia. Normalmente trabalho com laboratórios privados, mas têm sempre imenso trabalho, é preciso reservar com meses de antecedência.

Jonathan odiava aquele pessimismo que o invadia. A sua missão tornara-se essencial. Se conseguisse autentificar a obra, não só livraria Peter de uma situação profissional delicada como consagraria por fim Vladimir Radskin. Mas, mais ainda, talvez conseguisse compreender finalmente alguma coisa do estranho fenómeno que o impedia de tomar Clara nos seus braços sem que o mundo se pusesse a rodar à sua volta. A sua mão aproximou-se lentamente do rosto de Clara, mas sem lhe tocar.

– Se soubesse como gostaria – disse ele.

Clara recuou e virou-se de frente para o rio. Apoiou-se no parapeito. A brisa levantava os seus cabelos.

– Também eu – murmurou ela olhando o Sena a correr.

O telemóvel de Jonathan tocou. Ele reconheceu a voz de Sylvie Leroy.

– Não sei o que fez, senhor Gardner, mas tem relações muito eficazes. Espero por si amanhã de manhã no laboratório. A entrada situa-se atrás da Porte des Lions, no pátio do Louvre. Esteja lá às 7 horas – acrescentou ela antes de desligar.

Decididamente, os recursos de Peter eram consideráveis, pensou Jonathan ao deixar o restaurante.

A essa hora matinal, o Centro de Investigação e Restauro dos Museus de França ainda estava fechado. Jonathan e Clara desceram as escadas que conduziam às caves daquela ala do Louvre. Sylvie Leroy, que esperava por eles atrás do vidro blindado do laboratório, passou o seu cartão num leitor magnético, fazendo a porta deslizar imediatamente para dentro da parede. Jonathan apertou-lhe a mão e ela pediu-lhes para a seguirem.

O lugar era de uma modernidade impressionante. Longas passadeiras metálicas ladeavam salas imensas onde investigadores, técnicos e restauradores se afadigavam durante o dia. Cento e sessenta pessoas trabalhavam nos diferentes programas daquela organização. Os inventores das tecnologias mais modernas na área, os investigadores do Centro, que tinham à sua guarda uma grande parte da memória das civilizações, consagravam a sua vida a analisar, identificar, restaurar, proteger e inventoriar as obras mais importantes do património.

Não fosse a discrição que as caracterizava, as equipas do Centro de Investigação e Restauro dos Museus de França poderiam orgulhar-se da multiplicidade das suas competências. A importância dos bancos de dados que os investigadores tinham constituído ao longo dos anos era reconhecida por todos, sendo utilizados pelo mundo inteiro. Várias redes europeias e nacionais colaboravam com eles. François Hébrard, chefe da secção «Pinturas de Cavalete», esperava-os ao fim do corredor. Introduziu por sua vez um cartão num leitor magnético e a pesada porta do laboratório de análises deslizou lentamente. Clara e Jonathan penetraram num dos laboratórios mais secretos do mundo. Grandes salas repartiam-se ao longo de um corredor e, no centro, um elevador de vidro e aço permitia atingir os escritórios do andar superior. Múltiplos ecrãs difundiam o seu halo verde e luminescente através dos tabiques envidraçados. Jonathan e Clara entraram numa sala com um pé direito impressionante. Um gigantesco aparelho fotográfico de fole deslizava sobre calhas. A equipa colocou o quadro num cavalete e observou demoradamente a pintura de Vladimir Radskin. Embora dispusessem de avançados meios técnicos, os investigadores nunca perdiam de vista o respeito pela integridade física de uma obra. O técnico encarregue de fazer as fotos ajustou uma série de luzes em redor da tela. *A Jovem de Vestido Vermelho* foi fotografada com luz directa, depois com raios ultravioletas e, finalmente, com raios infravermelhos.

Aquelas fotos específicas permitiam revelar a existência quer de um desenho subjacente, quer de eventuais correcções, quer dos restauros efectuados ao longo dos anos. O espectro dos raios infravermelhos não forneceu resultados satisfatórios. Para penetrar nos segredos do quadro, teriam primeiro de tentar dissociar os seus elementos. No final da manhã, os técnicos retiraram algumas amostras microscópicas, que foram depois submetidas a análises de cromatografia gasosa. A máquina permitia isolar as múltiplas moléculas que compunham a pintura. Assim que os primeiros resultados foram obtidos, François Hébrard levou-os até um dos terminais da rede informática. Alguns minutos depois, começou-se a ouvir a impressora. Uma quantidade impressionante de linhas e gráficos surgiu perante os seus olhos. Um investigador iniciou imediatamente as comparações, preparando assim a sua própria base de referência. Uma espécie de febre invadia aos poucos o laboratório. Do outro lado da tela, *A Jovem de Vestido Vermelho*, cujo rosto ninguém podia ver, devia no entanto sorrir com as reacções que provocava. Desde que tinha entrado naquele local, a equipa de investigadores não cessara de aumentar.

A aparelhagem mais estranha à qual o quadro foi submetido iria permitir medir as suas cores. Embora se parecesse com um velho projector de cinema, o gonio-espectro-foto-colorímetro era na realidade um aparelho altamente aperfeiçoado e que precisou apenas de um minuto para fornecer os seus resultados. François Hébrard pegou neles, leu-os duas vezes e estendeu a folha a Sylvie Leroy. Olharam um para o outro com uma expressão intrigada. Sylvie murmurou algumas palavras ao seu ouvido. Hébrard pareceu hesitar, depois encolheu os ombros, pegou no auscultador de um telefone de parede e marcou um número de quatro algarismos.

– O AGLAE está operacional? – perguntou ele com uma voz segura.

Esperou a resposta e desligou com um ar satisfeito. Depois arrastou Jonathan pelo braço, atravessaram outra porta de segurança e penetraram num complexo surpreendente, em que para entrar era necessário passar por um labirinto de betão.

– É uma forma de nos protegermos dos átomos – murmurou Hébrard. – Eles não são suficientemente espertos para encontrarem a saída!

Depois de percorrerem aquele corredor sinuoso, chegaram a uma enorme divisão onde estava instalado o acelerador de partículas. Dezenas de tubos juntavam-se segundo uma lógica que apenas alguns cientistas e alguns técnicos podiam compreender. O Acelerador Grande Louvre de Análise Elementar, a jóia daquele vasto conjunto, era a única instalação do género no mundo que se consagrava inteiramente ao estudo do património cultural. Depois de as amostras terem sido introduzidas no aparelho, Jonathan e Clara instalaram-se numa divisão vizinha, sentados diante de terminais informáticos que registavam a progressão das análises que o AGLAE efectuava à *Jovem de Vestido Vermelho*.

O dia chegava ao fim. Sentado no seu escritório, François Hébrard consultou o dossiê que tinha diante dos olhos. Jonathan e Clara estavam sentados à sua frente, tão febris como um casal de pais à espera do diagnóstico do pediatra. Os resultados eram surpreendentes. As matérias naturais que Vladimir utilizava eram extremamente variadas. Óleos, ceras, resinas, pigmentos, cuja constituição química se revelava de uma incrível complexidade. Naquele estádio das suas análises, os técnicos do Louvre não podiam determinar de forma segura a composição do pigmento vermelho utilizado no vestido da jovem. A sua cor viva era surpreendente. Contrariamente a tudo o que se podia esperar, o quadro, que não fora objecto de qualquer restauro, parecia não se ter alterado com o tempo.

– Não sei o que vos dizer – concluiu Hébrard. – Se nós todos aqui não estivéssemos impressionados com os múltiplos aspectos da técnica de Radskin, diríamos que este quadro é obra de um grande químico.

Hébrard nunca tinha visto nada de semelhante ao longo de toda a sua carreira.

– Há um verniz sobre a tela cuja composição não conhecemos e, sobretudo, não compreendemos! – acrescentou Hébrard.

A Jovem de Vestido Vermelho contrariava todas as regras do envelhecimento. As condições especiais da sua conservação não eram suficientes para resolver o enigma que se colocava a todos os investigadores do centro. O que é que Vladimir fizera para conseguir que o tempo embelezasse a sua obra em vez de a alterar?, pensou Jonathan ao deixar o lugar.

– A única alquimia que conheço capaz de dar beleza à idade – disse Clara enquanto subia as escadas – é o sentimento!

Eles decidiram encurtar a sua estadia em Paris e mal tiveram tempo de ir à residência buscar as bagagens. A caminho do aeroporto, Jonathan telefonou a Peter para lhe dizer o que se passara durante o dia. Quando o felicitou por ter conseguido obter aquele encontro impossível com as equipas do Louvre, Peter pareceu surpreendido.

– Juro-te pela terceira e última vez que dormi a noite toda com o meu amor-próprio debaixo da almofada. Sylvie Leroy mandou-me pastar ontem à noite, pelo telefone!

E desligou.

O avião que levava Clara e Jonathan em direcção a Londres pousou no pequeno aeroporto da City no princípio da noite.

8

A Jovem de Vestido Vermelho repousava enrolada no seu cobertor cinzento sobre o assento do táxi que se dirigia para o centro da cidade. Jonathan deixou Clara em Notting Hill, perto de Westbourne Grove.

– Venha – disse ela –, não vai jantar sozinho no hotel.

Subiram os degraus da escada e imobilizaram-se no patamar diante da porta arrombada do apartamento de Clara. Jonathan disse-lhe para descer para a rua enquanto ele ia inspeccionar o lugar, mas, tal como esperava, ela foi a primeira a entrar. A sala estava intacta, nada fora mexido no quarto.

Um pouco depois, sentaram-se na pequena cozinha, enquanto a polícia se atarefava. Os inspectores não encontraram nenhuma impressão digital. Nada fora roubado; o comissário concluiu que os ladrões tinham sido surpreendidos no exacto momento em que iam entrar no apartamento. Clara sustentou o contrário, uma vez que alguns objectos não estavam no seu lugar. Indicou o candeeiro da mesa-de-cabeceira, que tinha sido desviado alguns centímetros, e um abajur na sala cuja inclinação não era a habitual. Os polícias preencheram um formulário e deixaram Clara e Jonathan sozinhos.

– Ficaria mais tranquila se eu ficasse aqui até amanhã de manhã? – perguntou Jonathan. – Poderia dormir no sofá da sala.

– Não, vou pegar nalgumas coisas e vou para o solar.

– Não gosto nada que se meta à estrada a esta hora, não só está a chover como daqui a pouco a escuridão será total.

– Conheço o caminho de cor, não se preocupe.

Mas Jonathan ficaria preocupado enquanto ela não chegasse. E a ideia de saber que ficaria sozinha no solar também não lhe agradava, repetiu ele com firmeza. Clara olhou-o enquanto ele resmungava e o seu rosto iluminou-se.

– Tem as mãos atrás das costas, os seus olhos estão ainda mais franzidos do que de costume e está com aquela sua cara de criança de cinco anos; acho que não tem escolha, vem comigo!

Clara dirigiu-se para o seu quarto, abriu a gaveta da cómoda e, intrigada, levantou uma pilha de camisolas e depois outra.

– Estes tipos são mesmo doentes – gritou ela na direcção de Jonathan, que a esperava à entrada.

A cabeça deste surgiu no vão da porta.

– Roubaram as minhas análises!

– Mas que análises?

– Umas análises ao sangue que fiz na semana passada. Não percebo que utilidade poderão ter para eles!

– Quem sabe, talvez tenha um clube de fãs!

– É isso, sem dúvida... São tipos doentes, eis tudo!

Jonathan consertou a fechadura para poderem fechar minimamente a porta. Desceram as escadas, levando com eles *A Jovem de Vestido Vermelho*. Quando chegaram ao passeio, Jonathan parou e interpelou Clara.

– Receio que não caibamos os três no seu *Austin*!

Clara não respondeu e levou-o até às traseiras do prédio. No beco sem saída com o empedrado gasto, os antigos estábulos tinham sido transformados em belas habitações com as fachadas cheias de flores. Clara levantou a porta de uma garagem e accionou um botão de uma pequena caixa que tinha no bolso. As luzes do *Land Rover* piscaram no fundo da garagem.

– Quer que o ajude a pôr o quadro no porta-bagagens? – perguntou ela, abrindo a porta traseira do jipe.

Jonathan não se enganara. Mal deixaram a auto-estrada, uma chuva violenta começou a cair. A estrada brilhava sob as rodas do jipe, e os limpa-pára-brisas tinham dificuldade em expulsar a água do pára-brisas. A taberna depois do cruzamento perdia-se na noite escura, formavam-se riachos tumultuosos ao longo do pequeno caminho que penetrava na floresta. O solo tornava-se cada vez mais instável e o todo-o-terreno balançava, patinando na lama. Jonathan agarrou-se à pega por cima da porta, Clara segurou firmemente o volante, lutando contra o vento que empurrava o jipe para a berma. Até dentro dele as rajadas assobiavam. Finalmente, os troncos das altas árvores brilharam à luz dos faróis. O portão do solar estava aberto.

– Vou estacionar no pátio – disse Clara em voz alta. – Jonathan, quando eu abrir a porta da cozinha, corra com o quadro para dentro de casa.

– Dê-me a chave – respondeu Jonathan.

– Não – insistiu Clara –, a fechadura é difícil de abrir quando não a conhecemos, confie em mim.

O cascalho rangeu e Clara imobilizou o *Land Rover*. Quase teve de lutar para abrir a sua porta e depois precipitou-se para o exterior. Assim que abriu a porta da entrada, virou-se para Jonathan e fez-lhe sinal para que a seguisse.

Jonathan saiu do carro e dirigiu-se para a mala.

– Depressa, depressa, despache-se! – gritou-lhe Clara da porta do solar.

O sangue gelou nas suas veias. Inclinado para dentro do jipe, olhou para a sua mão que segurava a tela enrolada no cobertor cinzento, e quando Clara gritou novamente na noite «depressa, depressa, despache-se», ele reconheceu a voz que aparecia nas suas vertigens. Empurrou o quadro para o assento, fechou a porta traseira e avançou lentamente, iluminado pelos faróis. Clara olhou para ele espantada, a chuva escorria pelo seu rosto abaixo. Vendo o seu olhar, ela compreendeu a evidência e precipitou-se ao seu encontro.

– Achas que se pode amar ao ponto de a morte não apagar a memória? Achas que um sentimento nos pode sobreviver e voltar a dar-nos vida? Achas que o tempo pode reunir eternamente aqueles que se amaram com força suficiente para não perderem esse amor? Achas isso possível, Clara?

– Acho que estou apaixonada por ti – respondeu ela, pousando a cabeça no seu ombro.

Jonathan abraçou-a com força e Clara murmurou ao seu ouvido.

– Mesmo entre a sombra e a luz.

Beijaram-se, tão sinceros na sua eternidade quanto um sentimento no seu primeiro dia. O choupo inclinou-se sob o efeito do vento, as janelas do solar abriram-se umas a seguir às outras, e à volta deles tudo recomeçou a mudar. Na janela das águas-furtadas, a sombra de Vladimir sorria.

De repente, o couro dos livros espalhados sobre a mesa da biblioteca deixou de estar estalado. As madeiras enceradas das escadas brilhavam à luz da lua, que entrava pelas portas envidraçadas do salão. No andar de cima, no quarto de Clara, as tapeçarias tinham reencontrado as sua cores originais. A saia deslizou pelas suas pernas, ela aproximou-se de Jonathan e encostou-se a ele. Amaram-se até de manhã.

O dia entrou no quarto. Clara aconchegou-se no cobertor que Jonathan puxara até aos seus ombros. A sua mão procurou-o às apalpadelas, depois espreguiçou-se e abriu os olhos. O lugar de Jonathan estava vazio. Ela endireitou-se bruscamente. O solar tinha readquirido a sua tonalidade habitual. Clara levantou-se da cama, nua no dia nascente. Aproximou-se da janela e olhou para o pátio em baixo. Quando Jonathan lhe acenou com a mão ela deu um passo rápido para o lado e enrolou-se na cortina.

Jonathan sorriu, deu meia-volta e reentrou na cozinha. Clara foi ter com ele, de roupão. O cheiro a pão torrado era agradável. Com a ajuda de uma pequena colher, Jonathan deitou a espuma do leite que fervia no fogão a gás sobre o café e salpicou-o com chocolate. Colocou a chávena muito quente à frente de Clara.

– *Capuccino* sem açúcar!

Com os olhos ainda embaciados de sono, Clara meteu a ponta do nariz dentro da chávena e engoliu o café.

– Viste-me à janela? – perguntou ela num fio de voz.

– De modo algum – respondeu Jonathan, que lutava com uma fatia de pão entalada na torradeira eléctrica. – E além disso não me teria autorizado a olhar-te, no presente ainda não se passou nada entre nós.

– Isso não tem graça nenhuma – resmungou ela.

Jonathan teve vontade de pôr as mãos nos seus ombros, mas conteve-se.

– Eu sei que não tem graça, mas temos mesmo de compreender o que se passa connosco.

– Tens o endereço de um bom especialista? Não quero ser pessimista, mas receio que o médico da aldeia nos mande aos dois para o manicómio se lhe descrevermos os nossos sintomas!

Jonathan atirou para o lava-loiças a torrada carbonizada que lhe queimava os dedos.

– Tens as mãos atrás das costas, e apesar de não ver a tua cara apostaria que os teus olhos estão franzidos... Em que é que estás a pensar? – perguntou Clara.

– Dei uma vez uma conferência em que conheci uma mulher que talvez nos pudesse ajudar.

– Que género de mulher? – perguntou Clara.

– Uma professora que ensina na Universidade de Yale, acho que consigo encontrá-la. Na sexta-feira de manhã apresentarei o meu relatório aos sócios da Christie's e partirei nessa mesma noite.

– Vais regressar aos Estados Unidos?

Jonathan voltou-se e Clara não interrompeu o seu silêncio. As coisas que ele tinha de resolver na sua vida só a ele diziam respeito. Para poderem viver juntos, tinham novamente de se separar.

Jonathan passou o resto da manhã junto de *A Jovem de Vestido Vermelho*. Ao meio-dia regressou a Londres e fechou-se no quarto do hotel para redigir as conclusões do seu relatório.

Clara foi ter com ele no início da noite. No momento em que Jonathan se preparava para enviar um *e-mail* a Peter, ela perguntou-lhe com um ar solene se estava seguro do que ia fazer. A análise dos pigmentos não permitira uma comparação que eliminasse as dúvidas, e os exames feitos nos laboratórios do Louvre também não tinham fornecido resultados incontestáveis. Mas Jonathan, que consagrara a sua vida a estudar Vladimir Radskin, tinha identificado a técnica aplicada no quadro, bem como as pinceladas e a tecedura da tela que servia de suporte. A sua convicção tornara-se suficiente para poder assumir plenamente o risco daquilo que se preparava para fazer. Mau grado a ausência de uma prova formal, ele empenharia em breve perante os seus pares a sua reputação de perito. Na sexta-feira de manhã, entregaria aos sócios de Peter o certificado de autenticidade de *A Jovem de Vestido Vermelho*, com a sua assinatura. Olhou para Clara e carregou na tecla do computador. Menos de cinco segundos depois, um pequeno envelope piscou no ecrã de Peter, bem como nos de todos os membros da direcção da Christie's.

Na noite seguinte, Clara deixou Jonathan no terminal 4 do aeroporto de Heathrow. Ele preferira que ela não o acompanhasse até às portas de segurança. Despediram-se com o coração pesado.

Enquanto o carro de Clara rodava a toda a velocidade numa estrada de campo inglesa, um avião traçava uma longa linha branca no céu. Nessa noite, as rotativas imprimiam as manchetes do *New York Times*, do *Boston Globe* e do *Figaro*:

O ÚLTIMO QUADRO DE UM GRANDE PINTOR RUSSO ACABA DE SER AUTENTIFICADO.

Desaparecida durante cerca de cento e quarenta anos, a obra-prima do pintor Vladimir Radskin ressurge da som-

bra. Autentificada pelo célebre perito Jonathan Gardner, esta pintura deverá ser o ponto alto do prestigioso leilão que a Christie's organiza em Bóston no próximo dia 21 de Junho, conduzido por Peter Gwel.

Um artigo semelhante redigido pelo responsável da coluna artística do *Corriere della Sera* foi integralmente reproduzido nas primeiras páginas de três revistas de arte internacionais. Seis redacções de estações de televisão europeias e duas redes americanas decidiram enviar as suas equipas a Bóston.

Jonathan chegou a Bóston no início da noite. Quando ligou o seu telemóvel, já não havia espaço para mais mensagens. O táxi deixou-o no velho porto. Instalou-se na esplanada do café onde partilhara tantas recordações com Peter. Ligou para ele.

– Tens a certeza do que estás a fazer? Não te estás a precipitar? – perguntou-lhe o seu melhor amigo.

Jonathan encostou o aparelho contra a orelha.

– Peter, se ao menos pudesses compreender o que se passa comigo!...

– Pois, mas pedes-me de mais! Compreender os teus sentimentos, sim! Compreender a história mirabolante que acabaste de me contar, não! Nem sequer a quero ouvir e vais dar-me o prazer de não a revelar a ninguém, em particular a Anna. Se pudermos evitar que ela vá por toda a cidade proclamando que tu és doido e que é preciso internar-te seria magnífico, sobretudo a três semanas do leilão.

– Não quero saber do leilão para nada, Peter.

– É exactamente isso que eu digo, estás mesmo afectado! Quero que faças radiografias, se calhar tens um aneurisma que rebentou na tua cabeça. Essas coisas estoiram facilmente!

– Peter, pára com essas imbecilidades! – exclamou Jonathan zangado.

Depois de um curto silêncio, Peter desculpou-se.

– Lamento muito.

– Não tanto quanto eu, o casamento é daqui a duas semanas. E eu nem sequer sei o que vou dizer a Anna.

– Mas vais fazê-lo, dê lá por onde der! Nunca é demasiado tarde, não te cases contra a tua vontade só porque os convites já foram enviados! Se amas como me dizes essa mulher em Inglaterra, então pega a tua vida em mãos e age! Tens a impressão de que estás numa situação terrível, mas se soubesses como te invejo! Se soubesses como eu gostaria de poder amar dessa forma! Não desperdices esse dom. Vou encurtar a minha viagem e regresso de Nova Iorque amanhã para estar ao teu lado. Encontramo-nos no café ao meio-dia.

Jonathan deambulou ao longo do cais. Sentia umas saudades loucas de Clara e daí a alguns minutos entraria na casa onde morava com Anna para lhe dizer a verdade.

Quando chegou, toda a casa estava às escuras. Chamou Anna, mas ninguém respondeu. Subiu até ao *atelier* dela. Foi lá que descobriu uma série de fotos espalhadas sobre a secretária de Anna. Numa delas, Clara e ele olhavam um para o outro no aeroporto. Jonathan pôs a cabeça entre as mãos e sentou-se na cadeira de Anna.

9

Ela só regressou às primeiras horas da manhã. Jonathan adormecera no canapé da sala do rés-do-chão da casa. Anna dirigiu-se directamente à cozinha, sem lhe dizer nada. Deitou água na cafeteira, pôs café no filtro e carregou no botão. Colocou duas chávenas sobre a mesa, tirou do frigorífico o pacote das torradas e retirou dois pratos do armário por cima do lava-loiças, sempre sem dizer uma palavra. Apoiou uma faca na tampa de vidro da manteigueira, e apenas o barulho dos seus passos ressoava nos ladrilhos. Abriu de novo o frigorífico e a sua primeira frase para Jonathan foi:

– Continuas a comer compota de morango ao pequeno-almoço?

Jonathan quis aproximar-se dela, mas Anna ameaçou-o com a faca da manteiga. O olhar de Jonathan fixou a lâmina de dois centímetros com a ponta redonda, e ela atirou-a contra ele.

– Pára, Anna, temos de falar.

– Não! – berrou ela. – Não há nada a dizer!

– Anna, terias preferido que nos tivéssemos dado conta do nosso erro daqui a seis meses ou um ano?

– Cala-te, Jonathan, cala-te!

– Anna, há meses que dura esta comédia do nosso casamento, e eu aguentei o mais que pude porque queria que nos amássemos, desejava-o sinceramente. Mas não se pode mentir aos sentimentos.

– Mas pode-se mentir à mulher com quem se vai casar? É isso?

– Eu vim para te dizer a verdade.

– E em que momento dessa verdade encontraste a coragem para me enfrentar?

– Ontem, quando a verdade se me impôs. Liguei-te de Londres todas as noites, Anna.

Anna pegou nervosamente no seu saco, abriu-o e retirou de dentro dele uma série de fotografias que começou a atirar, uma atrás da outra, à cabeça de Jonathan.

– Aqui estavas na esplanada de um café em Florença, aqui num táxi na Place de la Concorde, nesta estavas num horrível solar inglês e nesta num restaurante de Londres... fizeste tudo isto num só dia? Todas estas mentiras aconteceram anteontem?

Jonathan olhou a foto de Clara que caíra aos seus pés. O seu coração apertou-se um pouco mais.

– Há quanto tempo me mandaste seguir?

– A partir do dia em que me enviaste um faxe no qual me chamavas Clara! Suponho que é o nome dela?

Jonathan não respondeu e Anna voltou a perguntar, aos berros.

– É ou não Clara, o nome dela? Di-lo, eu quero ouvir-te dizer o nome daquela que quer destruir a minha vida! Tens coragem para o fazer, Jonathan?

– Anna, não foi a Clara que quebrou a nossa união, fomos nós que o fizemos, sem cúmplices. Ambos nos abandonámos a vidas que queríamos a todo o custo que fossem semelhantes. Os nossos corpos já nem sequer se tocavam.

– Estávamos esgotados com os preparativos do casamento, Jonathan, não somos animais!

– Anna, tu já não me amas.

– E tu amas-me loucamente, é isso?

– Poderás ficar com a casa, sou eu que vou partir...

Os olhos dela faiscaram.

– Tu não me vais deixar coisa nenhuma, porque não vais sair daqui! Nem penses que vais sair da nossa vida assim, Jonathan. Este casamento vai realizar-se. No sábado, dia 19 de Junho, ao meio-dia, quer tu queiras quer não, serei oficialmente tua mulher, e isso até que a morte nos separe!

– Tu não me podes obrigar a casar contigo, Anna, por mais que o queiras!

– Sim, Jonathan, acredita que posso!

O seu olhar alterou-se de repente, Anna acalmou-se. As suas mãos, que estavam apertadas contra o peito, desceram ao longo do corpo, e todas as rugas da cólera se desvaneceram do seu rosto uma a uma. Ela desdobrou o jornal pousado na mesa. A foto de Jonathan estava na capa, ao lado da de Peter.

– Até parece uma dessas revistas de gente famosa! Não é, Jonathan? Pois eu quero fazer-te uma pergunta. Quando a imprensa souber que o perito que autentificou o quadro que baterá todos os recordes dos leilões destes últimos dez anos é amante da mulher que o põe à venda, qual dos dois, Clara ou tu, irá parar primeiro à prisão por burla? O que é que achas?

Os músculos de Jonathan crisparam-se. Olhou para Anna e pareceu-lhe que a terra se abria debaixo dos seus pés.

Ela voltou a pegar no jornal e começou a ler o artigo com uma voz irónica.

– *Revelado por uma eminente galerista, este quadro cujo passado se desconhece foi autentificado pelo perito Jonathan Gardner. Será posto à venda pela célebre casa Christie's, num leilão conduzido por Peter Gwel...* O teu amigo será expulso da profissão e será condenado a dois anos de pena suspensa por cumplicidade. E tu perderás o teu precioso título, mas graças a mim apanharás apenas cinco anos. Os meus advogados farão questão de convencer o júri de que a tua amante foi a principal instigadora da burla!

Jonathan já ouvira o suficiente, virou-se e dirigiu-se para a entrada.

– Espera, não te vás embora – disse Anna com um riso nervoso –, deixa-me ler-te mais umas linhas, muito elogiosas para ti, ouve... *Graças à autentificação de Jonathan Gardner, o quadro, cujo valor é estimado em dois milhões de dólares, poderia atingir no leilão duas ou três vezes essa soma...*

Anna seguiu-o até ao *hall* e segurou-o pela manga do casaco, forçando-o a olhar para ela.

– Por uma burla pública de seis milhões de dólares, ela passará pelo menos dez anos atrás das grades, e a triste notícia para os dois é que as prisões não são mistas!

Jonathan sentia a náusea a invadi-lo. Precipitou-se para a rua e curvou-se em dois, por cima da goteira do passeio. A mão de Anna pousou nas suas costas.

– Vomita, meu caro, vomita-a desde o fundo das tuas entranhas. Quando recuperares as forças e conseguires telefonar-lhe para lhe dizer que não a voltarás a ver, que tudo isto não passou de um devaneio ridículo e que não a amas, quero estar presente!

Anna deu meia volta e entrou na casa. Um homem de idade que passeava o seu cão aproximou-se de Jonathan. Ajudou-o a sentar-se no chão e a encostar-se à roda de um carro que ali estava estacionado.

O labrador, que não gostava nada do estado em que se encontrava aquele homem sentado no chão à sua altura, levantou-lhe a mão com o focinho e lambeu-a generosamente. O homem idoso disse a Jonathan para respirar profundamente, pondo as mãos em concha sobre a boca.

– Trata-se de uma pequena crise de espasmofilia – disse o senhor Skardin num tom que se queria tranquilizador.

Como lhe diria a mulher quando ele regressasse do seu passeio, um médico, mesmo na reforma, nunca deixa de ser um médico.

Peter esperava-o há meia hora na esplanada do café onde tinham o hábito de se encontrar. Quando viu Jonathan chegar, a sua irritação desapareceu instantaneamente, e levantou-se para ajudar o amigo a sentar-se.

– O que é que se passa contigo? – perguntou ele com uma voz que revelava preocupação.

– O que é que se passa com nós todos? – repetiu Jonathan com o olhar perdido no vazio.

E durante a hora que se seguiu, contou a Peter de que modo a sua vida se tinha alterado completamente no espaço de alguns dias.

– Eu, quanto a mim, sei o que vais dizer a Anna! Vais-lhe dizer para ir à merda!

Peter estava de tal modo encolerizado que os ocupantes das mesas vizinhas pararam de conversar para os ouvirem melhor.

– O que é, a vossa cerveja não é boa? – lançou Peter, exasperado.

A família sentada ao lado deles desviou o olhar.

– Não serve de nada ser vulgar e agressivo, Peter, isso não nos vai ajudar em nada.

– Tu não vais destruir a tua vida, nem que esse quadro valesse dez milhões de dólares!

– Não se trata apenas da minha vida, mas também da tua e da de Clara.

– Então retractas-te, dizes que tens dúvidas quanto à autenticidade do quadro e paramos tudo.

Jonathan atirou para cima da mesa um exemplar do *Wall Street Journal*, depois outro do *New York Times*, outro do *Boston Globe* e ainda outro do *Washington Post*, todos eles com o anúncio do leilão.

– E isto sem contar com os semanários que saem hoje e com as publicações mensais. É demasiado tarde para recuar, já assinei o certificado de autenticidade e já o enviei aos teus sócios de Londres. Quando Anna entregar as fotos à imprensa, o escândalo rebentará. A Christie's constituir-se-á como parte civil, os advogados de Anna apoiá-los-ão e, mesmo que consigamos evitar a prisão, seremos ambos erradicados das nossas profissões. Quanto a Clara, ficará arruinada. Nunca mais ninguém porá os pés numa das suas galerias.

– Mas nós estamos inocentes, com todos os diabos!

– Sim, mas seremos apenas nós os três a sabê-lo.

– Já te conheci mais optimista – disse Peter torcendo as mãos.

– Vou ligar a Clara esta noite – suspirou Jonathan.

– Para lhe dizer que já não a amas?

– Sim, para lhe dizer que já não a amo, precisamente porque a amo. Prefiro devolvê-la à felicidade do que arrastá-la comigo para a infelicidade. Amar é isso, não é verdade?

Peter olhou para Jonathan com um ar consternado.

– Ah, então é isso! – disse ele pondo as mãos nas ancas. – Acabas de me debitar uma tirada de amor que teria feito chorar a minha avó, e até a mim, se tivesses continuado mais um pouco. O que é que se passa, comeste demasiado *pudding* em Londres?

– És mesmo estúpido, Peter! – exclamou Jonathan.

– Talvez seja estúpido, mas vi-te sorrir, por isso não me venhas com histórias! Estás a ver, não será por estarmos na miséria que nos deixaremos de divertir e, se a tua futura ex-mulher pensa que o vai impedir, vamos os dois mostrar-lhe que não nos faltam recursos.

– Tens alguma ideia?

– Nenhuma por enquanto, mas confia em mim, não teremos de esperar muito!

Peter e Jonathan levantaram-se e caminharam de braço dado sobre o empedrado do mercado ao ar livre. Peter deixou Jonathan em casa a meio da tarde. Quando o carro se pôs de novo em movimento, ligou o telemóvel ao receptáculo do *tablier* e marcou um número.

– Jenkins? É Peter Gwel, o seu inquilino preferido. Olhe, preciso da sua ajuda, meu caro Jenkins. Poderia subir ao meu apartamento e juntar algumas das minhas coisas numa mala, como se a estivesse a fazer para si? Tem a chave, não é verdade, e também sabe onde arrumo as minhas camisas? Perdoe-me se abuso da nossa amizade, meu caro Jenkins, mas durante a minha ausência vou pedir-lhe para procurar algumas informações na cidade, não sei porquê mas o meu instinto diz-me que você tem um talento de cão de caça escondido algures. Daqui a uma hora estou aí!

Peter desligou no exacto momento em que o seu carro entrava no túnel.

Antes de deixar a residência Stapledon no início da noite, deixou uma longa mensagem a Jonathan no seu telemóvel.

– Fala Peter. Sabes, deveria odiar-te por teres comprometido com um beijo o leilão da minha vida e arruinado as carreiras de ambos, e isto sem falar no teu casamento, do qual eu era testemunha, mas, paradoxalmente, sucede exactamente o contrário. Estamos metidos numa alhada de todo o tamanho, e eu há muito tempo que não me sentia de tão bom humor. Por mais que tentasse, não conseguia perceber porquê, mas creio que agora já o sei.

Enquanto debitava a sua mensagem, Peter remexia nos bolsos a fim de se certificar de que tinha consigo o papel que havia subtraído ao seu amigo.

– Em Londres – prosseguiu ele –, ao ver-vos aos dois no café, compreendi que não era por causa do quadro que estavas tão feliz. Olhares como aqueles que vocês os dois trocavam são suficientemente raros para que lhes compreendamos o sentido. Então, meu caro, quando falares com Clara esta noite, não deixes de lhe dar a entender sub-repticiamente que, mesmo nas situações desesperadas, há sempre esperança. E se não souberes como lho dizer, podes citar-me. Não poderás ligar-me até amanhã, mas ligar-te-ei eu, e explicar-te-ei tudo. Ainda não sei como, mas vou resolver este nosso problema.

Peter desligou e, apesar das dúvidas que o roíam, estava satisfeito.

Jonathan entrou no *atelier* de Anna. Ela pintava em frente do cavalete.

– Cedo à tua chantagem, Anna, ganhaste!

Deu meia-volta e dirigiu-se para a porta, num passo decidido. Antes de sair, acrescentou sem se voltar:

– Telefonarei sozinho a Clara e ponto final! Podes roubar-me a vida, mas não a dignidade!

E desceu as escadas.

Clara pousou o auscultador lentamente. Sozinha à janela do solar, ela não via o choupo oscilar ao vento. As lágrimas escorriam dos seus olhos fechados. A noite que se seguiu estendeu-se em longos soluços. No pequeno escritório, a jovem de vestido vermelho parecia estar de costas curvadas, como se a tristeza que invadira a mansão entrasse na tela para lhe pesar nos ombros. Dorothy ficou no solar nessa noite. Que a senhora não pudesse conter o choro à sua frente provava que a sua dor era demasiado profunda para ser vivida na solidão. Há presenças que acalmam, mesmo que sejam silenciosas.

De manhã, Dorothy entrou no pequeno escritório. Reanimou o fogo da lareira e levou um chá a Clara. Quando se aproximou dela, pousou a chávena sobre uma mesinha, ajoelhou-se e abraçou-a.

– Vai ver, para as coisas da vida virem até nós, não podemos nunca deixar de acreditar – repetia ela num murmúrio. E Clara deixou-se chorar no seu ombro até ser dia claro.

Quando o sol do meio-dia pousou nela, Clara abriu os olhos e voltou a fechá-los imediatamente. Seria a luz que a acordava, ou seria a buzina que soava no pátio? Afastou o cobertor e levantou-se do canapé. Dorothy entrou na divisão e, como o tempo das confidências pertencia ao reino da noite, anunciou em voz alta.

– A senhora tem uma visita da América!

Peter impacientava-se na cozinha, onde *miss* Blaxton lhe tinha insistentemente pedido que esperasse enquanto se ia certificar de que a senhora o desejava receber. Obedecendo às instruções formais de Dorothy, Clara subiu a correr até ao seu quarto para se arranjar rapidamente. No país de Sua Majestade a Rainha de Inglaterra, uma mulher jamais apareceria diante de um visitante desconhecido mostrando sinais do seu desgosto, mesmo que já se tivesse encontrado com ele na cidade, insistiu Dorothy subindo as escadas atrás dela.

– Então ele ama-me? – perguntou Clara sentada em frente de Peter na mesa da cozinha.

– Bolas, não há dúvida de que vocês os dois estão bem um para o outro! Passei a noite toda dentro de um avião, rodei a toda a velocidade durante duas horas num carro onde o volante foi colocado no lado errado, acabo de lhe contar tudo, e ainda me pergunta se ele a ama? Pois bem, ele ama-a, a Clara ama-o, eu também o amo, e ele ama-me a mim, toda a gente se ama, mas a verdade é que estamos todos metidos numa grande trapalhada!

– O senhor vai almoçar aqui? – perguntou Dorothy entrando na cozinha.

– É solteira, Dorothy?

– A minha condição não é assunto seu, não estamos na América – respondeu *miss* Blaxton.

– Ou seja, é solteira! Olhe, vou apresentar-lhe um tipo formidável! Um americano de Chicago que vive em Bóston, mas que sente muito a falta de Inglaterra!

Jonathan ficara sozinho em casa. Anna partira às primeiras horas do dia e só voltaria à noite. Ele subiu ao *atelier* para ver o seu *e-mail* e ligou o computador. Os ficheiros de Anna estavam protegidos por um código de acesso, mas ele podia aceder à Internet. Peter não lhe deixara nenhuma mensagem, e ele não tinha vontade de responder aos pedidos de entrevistas que se acumulavam na sua caixa do correio. Preferiu descer para a sala. Quando ia a desligar o ecrã, o seu olhar de perito foi atraído por um pequeno pormenor num dos quadros de Anna pendurados na parede. Jonathan aproximou-se da tela. Intrigado, pôs-se a observar outra. Febril, abriu o grande armário e tirou uma a uma todas as pinturas de Anna, arrumadas ali há muito tempo. Reencontrou em várias o pequeno pormenor que lhe gelava o sangue. Precipitou-se para a secretária, abriu a gaveta e pegou na sua lupa. Inspeccionou de novo todos os quadros. No fundo de cada uma das cenas de campo, a casa pintada por Anna era o solar de Clara. O quadro mais recente tinha dez anos, *e nessa época Jonathan ainda não conhecia Anna*. Desceu precipitadamente as escadas, saiu a correr para o passeio, saltou para dentro do seu carro e dirigiu-se a toda a velocidade para a saída da cidade. Se o trânsito o permitisse, dali a duas horas estaria a atravessar o portão do *campus* universitário de Yale.

Graças à reputação de Jonathan, o reitor aceitou recebê-lo. Esperou num imenso corredor com as paredes forradas a painéis de madeira, onde estavam pendurados os retratos tristes de alguns homens de letras e de ciências. O professor William Backer convidou-o a entrar no seu escritório. O pedido de Jonathan surpreendera o reitor: estava à espera de que ele lhe falasse de pintura e em vez disso pôs-se a falar de ciências, e não das mais ortodoxas. Backer lamentava imenso, mas nenhum professor correspondia à descrição de Jonathan, fosse ele homem ou mulher, titular ou honorário. De resto, tais matérias não eram ensinadas ali. O departamento de investigação a que Jonathan se referia existira de facto na universidade, mas isso fora há muito tempo. Se Jonathan o desejasse, poderia visitar o local onde ele tinha funcionado. O edifício 625, outrora ocupado pela cadeira de ciências avançadas, fora abandonado quando o departamento encerrara.

– Trabalha aqui há muito tempo? – perguntou Jonathan ao homem do serviço de manutenção que o guiava através do *campus*.

– Desde os meus dezasseis anos, e devia ter-me reformado há cinco, por isso suponho que sim – respondeu o senhor O'Malley.

Apontou para um imponente edifício de tijolos vermelhos e parou o carrinho eléctrico junto aos degraus do alpendre.

– Era aqui – disse o homem, convidando Jonathan a segui-lo.

O'Malley procurou a chave num molho que devia ter umas cem. Depois de hesitar um instante, introduziu uma chave comprida na fechadura meio enferrujada.

A grande porta que dava para o *hall* do edifício 625 chiou nas dobradiças.

– Há quarenta anos que ninguém põe aqui os pés, olhe-me só esta confusão! – disse O'Malley.

Aos olhos de Jonathan, exceptuando a espessa camada de pó que cobria os soalhos e os móveis, o lugar até nem estava mal conservado. O'Malley levou-o a visitar o laboratório. A vasta divisão contava com dez bancadas cobertas de azulejos brancos, todas elas repletas de tubos de ensaio e de alambiques.

– Acho que o trabalho aqui tinha a ver com questões de matemática experimental. O que eu disse aos inspectores foi que se procurava sobretudo descobrir fórmulas químicas.

– Quais inspectores?

– Não está ao corrente do que se passou? Pensava que estava aqui por causa disso. Toda a gente na região conhece a história.

Enquanto percorriam o corredor que conduzia à sala dos professores, O'Malley contou a Jonathan o que conduzira ao encerramento precipitado do antigo departamento de ciências avançadas, o nome pelo qual era conhecido. Só muito poucos estudantes eram admitidos naquela secção. A maior parte dos que se apresentavam eram recusados no exame de admissão.

– Não só era necessário ser um craque em todas as matérias científicas, mas também um prodígio em filosofia. E, além disso, antes da admissão, havia uma entrevista sob hipnose com a directora de investigação. Era ela que eliminava quase todos os candidatos. Não poupava ninguém. Era uma mulher estranha, sem dúvida. Trabalhou dez anos entre estas paredes e ninguém durante o inquérito se lembrava de a ter visto no *campus*. Salvo eu, naturalmente, mas eu conheço toda a gente aqui.

– Ainda não me disse sobre o que é que se debruçava esse inquérito.

– Há quarenta anos, um estudante desapareceu.

– Desapareceu onde?

– Bem, todo o problema está aí, caro senhor. Se soubermos onde as nossas chaves desapareceram, não podemos dizer que estejam desaparecidas, não é assim?

– Quais foram as conclusões da polícia?

– Que ele tinha fugido, mas eu não acredito nisso.

– Porquê?

– Porque sei que foi no laboratório que ele se volatilizou.

– Ou talvez tenha escapado à sua vigilância, não podia ter os olhos em todo o lado ao mesmo tempo.

– Nessa época – prosseguiu O'Malley –, eu fazia parte da equipa de segurança. Nesse tempo, «segurança» era uma palavra um pouco exagerada. O nosso trabalho consistia em impedir os rapazes de irem durante a noite ao dormitório das raparigas... e reciprocamente.

– E durante o dia?

– Como todos os guardas nocturnos, nós dormíamos durante o dia; enfim, os meus colegas dormitavam umas horas, mas eu não. Nunca durmo mais de quatro horas, parece que é genético, foi aliás por isso que a minha mulher me deixou. Ora nesse dia estava a tratar do relvado. E vi o jovem Jonas entrar no edifício, donde nunca mais saiu.

– E a polícia não acreditou em si?

– Observaram os muros, passaram o parque a pente fino, interrogaram a velha, que mais poderiam eles fazer? E além disso eu bebia um pouco nessa época, a fiabilidade de uma testemunha desse género não é grande.

– Quem era essa velha que mencionou?

– Era a directora. Venha comigo.

O'Malley procurou uma nova chave no seu molho, abriu a porta de um escritório e entrou à frente de Jonathan. Os pequenos vidros das duas janelas estavam tão sujos que a luz tinha dificuldade em entrar no interior da divisão. Uma escrivaninha alta de madeira coberta por uma espessa camada cinzenta fora encostada à parede. Uma cadeira tinha sido abandonada de pernas para o ar num canto da sala, ao lado de um cabide todo desconjuntado. Em frente, um velho móvel com uma infinidade de gavetas tinha o mesmo mau aspecto.

– Não faço ideia por que razão chamavam a isto a sala dos professores, ela era a única que ensinava aqui – disse O'Malley.

O guarda aproximou-se das estantes que cobriam uma das paredes e folheou uma pilha de jornais amarelecidos.

– Olhe, aqui está ela, a velha! – acrescentou ele, mostrando a Jonathan a fotografia na primeira página de um dos exemplares.

A mulher que aparecia rodeada dos seus quatro alunos não deveria ter mais de trinta anos.

– Porque é que a chama de velha? – perguntou Jonathan olhando para a fotografia.

– Porque nessa época eu tinha apenas vinte anos – disse O'Malley, traçando um risco com o pé na poeira que cobria o soalho.

Jonathan aproximou-se da janela para ver melhor a fotografia amarelecida. A cara da jovem não lhe dizia nada, mas a mão dela atraiu a sua atenção, pois tinha num dos dedos um diamante impressionante.

– E este aqui é o Jonas? – perguntou Jonathan apontando o jovem que se via à direita do enquadramento.

– Como sabe isso? – perguntou O'Malley espantado.

– Não o sabia, foi um palpite – respondeu o perito.

Jonathan dobrou a folha do jornal do *campus* e meteu-a no bolso. Na foto, o jovem tinha as mãos atrás das costas e franzia os olhos, talvez simplesmente por causa do *flash*.

– Quando não a chamava de «velha», que nome utilizava?

– Nunca a chamámos de outra maneira.

– Quando ela falava consigo, certamente não lhe respondia chamando-a de «velha»? – insistiu Jonathan.

– Ela nunca nos dirigia a palavra, e nós nada tínhamos para lhe dizer.

– Por que razão a odeia tanto, senhor O'Malley?

O velho guarda virou-se para Jonathan.

– Porque é que veio aqui, senhor Gardner? Todas estas coisas são antigas e não é bom remexer no passado. Tenho trabalho à minha espera, temos de nos ir embora daqui.

Jonathan agarrou o braço de O'Malley.

– Já que fala do passado, deixe-me dizer-lhe uma coisa: estou preso a uma época que não conheço, e tenho muito pouco tempo para descobrir o que é que isso esconde. O amigo de um amigo meu dizia que basta um minúsculo indício para se descobrir o fio de uma meada. Eu ando à procura dessa pequena peça de *puzzle* que me permitiria reconstituir o que se passou, o que se está a passar. Preciso da sua ajuda, senhor O'Malley.

O guarda fixou Jonathan, e depois inspirou profundamente.

– Eles fizeram experiências aqui. Foi por essa razão que o edifício foi fechado, para evitar o escândalo depois do desaparecimento do Jonas.

– Que género de experiências?

– Os alunos que aqui estavam foram seleccionados porque tinham pesadelos. Eu sei que a coisa pode parecer absurda, mas é a pura verdade.

– Que género de pesadelos, senhor O'Malley?

O homem franziu as sobrancelhas. Responder à pergunta parecia pesar-lhe terrivelmente. Jonathan pousou a mão no seu ombro.

– Pesadelos que lhes davam a impressão de estarem a reviver acontecimentos ocorridos noutras épocas? É isso?

O'Malley acenou afirmativamente com a cabeça.

– Ela fazia-os entrar em transe, dizia que se tratava de atingir a nossa consciência profunda, um estado subliminar que nos devia permitir aceder à memória das nossas vidas anteriores.

– Nessa época, você não fazia de todo parte da equipa de segurança, era um dos alunos, não é verdade?

– Sim, senhor Gardner, era efectivamente um dos estudantes e, quando o laboratório fechou, nunca mais estudei nada na minha vida.

– O que é que lhe sucedeu, O'Malley?

– No segundo ano, ela injectava-nos produtos nas veias, dizendo que era para provocar «fenómenos». À terceira injecção que ela nos deu, Coralie e eu recordámo-nos de tudo. Está preparado para ouvir uma coisa verdadeiramente terrível, senhor Gardner? Então ouça bem! Em 1807, eu vivia em Chicago com a minha mulher Coralie, a minha profissão de negociante de barris dava para as necessidades, até ao dia em que ela matou a nossa filha. A pequena tinha um ano quando ela a asfixiou nas suas roupas. Eu amava a minha mulher, mas ela tinha uma doença que lhe destruía as células do cérebro. Os primeiros sintomas limitam-se a crises de cólera passageiras, mas, passados cinco anos, aqueles que são atingidos por essa doença horrorosa mergulham numa loucura irreversível. Coralie foi enforcada. O senhor Gardner não faz ideia do que se sofre quando o carrasco não aperta o nó para que as vértebras se quebrem. Vi-a a balançar na ponta da corda, as suas lágrimas a suplicarem-me que abreviasse o seu sofrimento. A minha vontade era matar com as minhas próprias mãos todos aqueles patifes que estavam ali a vê-la morrer, mas a minha impotência no meio da multidão era total. Ela voltou a aparecer em 1843, nem eu a reconheci nem ela a mim, a não ser pelo facto de nunca termos amado como nos amávamos um ao outro. Uma paixão destas não se encontra todos os dias, senhor Gardner. Tudo recomeçou em 1902, e a velha disse-me que seria assim de cada vez. Pouco importava que a minha mulher tivesse outro nome ou outra cara, ela continuava a ser a mesma alma, com a sua parte de loucura, que regressaria para nos atormentar. A única forma de terminar para sempre com os nossos sofrimentos era um dos dois renunciar a amar o outro enquanto estivesse vivo. A não ser que um traísse o sentimento que o ligava ao outro, cada nova vida nos reuniria e reproduziria a mesma história, o mesmo sofrimento.

– E acreditou nela?

– Se tivesse vivido os pesadelos que nessa altura vivemos acordados, senhor Gardner, também teria acreditado nela!

Quando o laboratório fechou, a noiva de O'Malley estava na sua terceira crise de fúria incontrolável e pôs fim aos seus dias quando tinha vinte e três anos. O jovem que ele era nessa época exilou-se no Canadá. Vinte anos mais tarde, regressou a Yale, onde arranjou emprego como funcionário da manutenção. Tinha mudado tanto que ninguém o reconheceu.

– E nunca ninguém teve a menor ideia do que se passou com esse Jonas? – perguntou Jonathan.

– A velha matou-o.

– Porque é que está tão certo disso?

– Também ele tinha sonhado com algo. Na manhã em que desapareceu, tinha anunciado que abandonava o departamento. Ia partir imediatamente para Londres.

– E você nada disse à polícia!

– Se eu lhes tivesse contado o que acabei de lhe dizer, acha que teriam acreditado em mim ou que me teriam enviado para o manicómio?

O'Malley acompanhou Jonathan até ao seu carro estacionado no parque de estacionamento do *campus*. Quando Jonathan lhe perguntou porque tinha decidido regressar àquele lugar, O'Malley encolheu os ombros.

– É o lugar onde me sinto mais perto dela; os lugares também têm uma memória, senhor Gardner.

No momento em que Jonathan ia arrancar, O'Malley inclinou-se e disse:

– A velha chamava-se Alice Walton!

10

Peter estava literalmente fascinado pela técnica de Radskin. O raio de luz que se reflectia no maior ramo do choupo antes de atravessar a pequena janela à direita do quadro estava pintado com uma eficiência notável. O tom prateado que adquiria ao acariciar o soalho aos pés da jovem de vestido vermelho era idêntico àquele com que a lua tingia nessa noite o pequeno escritório. Peter apagara a luz várias vezes para poder apreciar plenamente esse efeito, surpreendente pela sua veracidade. Avançou até à janela e observou a enorme árvore, antes de voltar a olhar para o quadro.

– Onde era o quarto de Vladimir? – perguntou ele a Clara.

– Exactamente por cima deste, no quarto onde deixou as suas bagagens. Esta noite irá dormir na cama dele.

Era tarde, e Clara despediu-se do seu convidado. Peter queria ficar ainda algum tempo junto do quadro, ela perguntou-lhe se não precisava de nada e ele tranquilizou-a: dispunha de uma arma infalível contra a diferença horária, uma pequena pílula cujos efeitos eram notáveis.

– Obrigada, Peter – disse Clara ao pé da porta da biblioteca.

– Obrigada porquê?

– Por estar aqui!

Quando Peter se voltou, Clara já se tinha ido embora.

Estendido na sua cama, Peter amaldiçoava Jenkins. O imbecil tinha confundido um antibiótico com um sonífero. Já não se podia contar com ninguém! Se já eram onze horas em Inglaterra, o que para ele continuava a ser demasiado cedo para dormir, em Bóston o Sol ainda não se pusera. Incapaz de conciliar o sono, Peter levantou-se, tirou os dossiês da mala e levou-os para a cama. Como estava demasiado calor no quarto para o seu gosto, levantou-se novamente para ir abrir a janela. Inspirou profundamente o ar fresco e olhou maravilhado o vestido prateado com que a lua quase cheia vestia o choupo. Uma dúvida atravessou-lhe o espírito, enfiou o roupão e voltou a descer até ao escritório. Depois de ter observado atentamente o quadro, regressou à janela do seu quarto. O grande ramo estendia-se bem acima da sua cabeça, à altura do telhado. E como as árvores crescem elevando a sua extremidade superior para o céu, Peter pensou que Vladimir deveria ter pintado o seu quadro nas águas-furtadas. Prometeu a si próprio que, de manhã, falaria nisso a Clara. A impaciência tornava-se cúmplice da sua insónia, de modo que quando ouviu os degraus estalar sob os pés da sua anfitriã, entreabriu a porta do seu quarto e chamou-a.

– Ia buscar água, também quer? – perguntou Clara, imobilizando-se nas escadas.

– Nunca bebo água, enferruja! – respondeu Peter avançando no patamar.

Chegou junto de Clara e pediu-lhe para o acompanhar ao escritório.

– Conheço esse quadro de cor! – disse ela.

– Não duvido disso, mas de qualquer maneira venha comigo – insistiu Peter.

Depois de uma breve passagem pela cozinha, Peter conduziu Clara até à janela do seu quarto.

– Aqui tem, pode constatar por si mesma! Garanto-lhe que Vladimir trabalhava no andar de cima!

– Impossível. Ele estava muito debilitado no fim da sua vida e tinha de reunir todas as suas forças para conseguir ficar diante da tela. Ora até para uma pessoa saudável e forte é difícil subir as escadas que conduzem às águas-furtadas. Ninguém no seu estado se aventuraria a ir lá acima.

– Perigoso ou não, continuo a afirmar que esta janela não é a que vejo no quadro, aqui ela é muito maior, a perspectiva não é a mesma e o ramo principal está à altura do telhado, não à do meu quarto!

Clara chamou a atenção de Peter para o facto de que num século e meio o choupo tinha crescido e que a imaginação também faz parte dos dons de um pintor. Depois de dizer isto, retirou-se para o seu quarto.

Peter voltou a deitar-se de mau humor. A meio da noite, voltou a acender o candeeiro e foi novamente até à janela. Se Vladimir tinha sido capaz de reproduzir de uma forma tão perfeita os reflexos da lua cheia na árvore, tal como os via da sua janela, por que razão se teria dado ao trabalho de deslocar o seu tronco?

Peter aproveitou a sua insónia para tentar encontrar uma resposta. De madrugada continuava sentado na cama, relendo mais uma vez o relatório do prestigioso leilão que ainda tinha esperança de poder realizar dali a duas semanas. Dorothy chegou às 6h30 e Peter desceu imediatamente à cozinha para tomar um café.

– Faz um frio de rachar aqui – disse Peter esfregando as mãos junto da lareira da cozinha.

– É uma casa velha – respondeu Dorothy, colocando um prato e os talheres para o pequeno-almoço sobre a grande mesa de madeira.

– Trabalha aqui há muito tempo, Dorothy?

– Tinha dezasseis anos quando entrei ao serviço da senhora.

– Qual senhora? – perguntou Peter enchendo a sua chávena.

– A avó da menina Clara.

– Ela vivia aqui?

– Não, a senhora nunca cá vinha, eu vivia sozinha.

– E não tem medo dos fantasmas, Dorothy? – disse Peter a meter-se com ela.

– À imagem dos humanos eles são, consoante as suas maneiras, boas ou más companhias.

Peter acenou com a cabeça enquanto barrava uma fatia de pão com manteiga.

– O solar mudou muito desde essa época?

– Não tínhamos telefone, é praticamente tudo. A menina Clara mudou a decoração de alguns quartos.

Dorothy pediu desculpa, tinha trabalho para fazer, deixou Peter a acabar o seu pequeno-almoço. Ele folheou o jornal, colocou a sua chávena no lava-loiças e decidiu ir buscar os seus dossiês ao quarto. O dia anunciava-se bonito, de modo que poderia trabalhar no exterior enquanto esperava que Clara descesse. Ao subir as escadas, Peter deteve-se a meio diante de uma gravura encaixilhada que representava o solar. Tinha a data de 1879. Inclinou-se para a observar melhor. Perplexo, voltou a descer os degraus, saiu e atravessou o pátio. Parou ao lado do grande choupo e observou atentamente o telhado da casa. Depois voltou a entrar, dirigiu-se às escadas e retirou a gravura da parede.

– Clara, Clara, venha ver!

Peter berrava no meio do pátio. Dorothy saiu da cozinha com um ar zangado.

– A menina está a descansar, senhor Gwel, peço-lhe que não faça tanto barulho!

– Vá acordá-la! Diga-lhe que é importante!

– Posso saber o que encontrou de tão importante no meio do pátio que justifique que eu vá acordar a menina Clara, que está mesmo a precisar de dormir depois das terríveis noites que passou por culpa do amigo do senhor?

– Conseguiu dizer isso tudo num só fôlego, Dorothy? Estou impressionado! Despache-se, ou vou eu próprio chamá-la ao seu quarto!

Dorothy afastou-se levantando os braços para o céu e murmurando que, decididamente, os americanos não tinham maneiras! Clara, de roupão, foi ter com Peter, que andava de um lado para o outro ao lado da árvore. Ela lançou uma olhadela à gravura que ele tinha colocado contra o tronco.

– Se a minha memória não me atraiçoa, acho que ontem ela não estava pendurada aí – disse ela, saudando Peter.

Peter baixou-se e mostrou a gravura a Clara.

– Olhe!

– É o solar, Peter!

– Quantas janelas se vêem nas águas-furtadas? – perguntou ele num tom exasperado.

– Seis – respondeu Clara.

Ele agarrou-a pelo ombro e fê-la dar meia-volta.

– E agora, quantas janelas vê?

– Cinco – murmurou Clara.

Ele pegou-lhe no braço e arrastou-a até ao interior da casa. Subiram os degraus quatro a quatro e Dorothy, que não gostava nada da forma como a menina Clara estava vestida na companhia de Peter, saiu da cozinha e seguiu-os até às águas-furtadas.

Jonathan deixou um bilhete a Anna no qual a informava que passaria o dia no museu e que jantaria com o conservador. Voltaria por volta das dez horas da noite. Detestava ter de a informar do qua ia fazer. Arrancou a folha do bloco de notas e meteu-a debaixo do imã em forma de joaninha preso à porta do frigorífico. Depois saiu e subiu o passeio à sua direita. Instalou-se ao volante do seu carro e esperou pacientemente.

Uma hora depois, Anna deixava a casa, virando à esquerda. O seu carro arrancou tomando a direcção do norte. Atravessou a Harvard Bridge e continuou até Cambridge. Jonathan estacionou à entrada de Garden Street e não a perdeu de vista quando ela subiu os três degraus da entrada do elegante edifício. Assim que ela desapareceu no interior, ele saiu do seu carro e dirigiu-se para a porta de vidro. No *hall*, os pequenos números vermelhos por cima do elevador indicavam que a cabina se imobilizara no décimo terceiro andar. Voltou para trás. Anna reapareceu duas horas mais tarde. Jonathan baixou-se quando o *Saab* passou por ele descendo a rua. Assim que Anna passou o cruzamento, ele regressou num passo decidido ao n.º 27 de Garden Street, hesitou um instante diante dos botões 13A e 13B do intercomunicador e decidiu tocar para os dois apartamentos. O fecho eléctrico fez um clique imediatamente.

A porta no extremo do corredor estava entreaberta. Jonathan empurrou-a lentamente, e uma voz que ele reconheceu de imediato disse:

– Esqueceste-te de alguma coisa, minha querida?

Ao vê-lo na sua entrada, a mulher de cabelos brancos teve um ligeiro sobressalto, que imediatamente controlou.

– Senhora Walton? – perguntou friamente Jonathan.

Dorothy, com as mãos nas ancas, mantinha-se direita como um pau no meio das enormes águas-furtadas e enfrentava Clara.

– Dorothy, jure-me pela sua honra que a minha avó não mandou modificar o telhado desta casa!

Peter olhava-a atentamente. Levantou a maça que fora buscar ao celeiro e batia com ela na parede do fundo. A divisão tremeu.

– Não jurarei! – respondeu ela furiosa.

– Porque é que nunca me falou nisso? – perguntou Clara.

Peter deu outra pancada, abrindo uma primeira racha na parede.

– Nunca tivemos oportunidade de abordar esse assunto.

– Por favor, Dorothy! Quantas vezes o nosso arquitecto, o senhor Goesfield, não nos manifestou a sua admiração pelo facto de as autoridades não nos autorizarem a fazer obras nas águas-furtadas, tão convencido estava de que isso já tinha sucedido!

Clara sobressaltou-se quando Peter bateu outra vez na parede.

– A Dorothy afirmou na minha presença que o solar estava como sempre estivera! Lembro-me disso como se tivesse sido ontem. A Dorothy, aliás, era horrível para com o senhor Goesfield.

A divisão vibrou de novo, uma nuvem de pó caiu do tecto. Clara levantou a cabeça e arrastou Dorothy até à janela.

– A sua avó obrigou-me a prometer! Foi ela que mandou classificar o solar.

– Porquê? – perguntou Peter do fundo da divisão.

Empurrou com o pé os pedaços de gesso que se amontoavam no chão. Os tijolos pretos eram agora visíveis numa grande superfície da parede. Os seus ombros doíam-lhe. Inspirou profundamente e deu uma nova pancada.

– Não sei de nada – murmurava Dorothy para Clara –, a sua avó decidia tudo, mas era uma mulher justa. Ela dizia que a menina seria uma grande bióloga, mas a menina só fez o que quis...

– Ela queria que eu fosse química! E também queria que eu vendesse este solar, lembra-se disso? – interrompeu-a Clara.

– Sim – disse numa voz débil Dorothy, que tão ligada estava àquele lugar.

Os tijolos começavam a ceder. Peter raspou as juntas com o cabo da maça. A parede começou a curvar-se sob o efeito da pancada seguinte.

– Por que razão ela fez desaparecer esta janela do telhado, Dorothy?

Dorothy olhou fixamente Clara, hesitando responder. Perante a insistência desta, acabou por ceder.

– Porque quando a filha dela também quis deitar abaixo esta parede, aconteceu-lhe uma desgraça. Diga ao senhor para parar, peço-lhe por tudo!

– Sabe o que aconteceu à minha mãe? – perguntou Clara, febril.

Peter conseguiu retirar um primeiro tijolo, meteu a mão no buraco e estendeu o braço. O espaço atrás do tabique parecia profundo. Voltou a pegar na maça e lançou-se ao trabalho com redobrada energia.

– A sua avó foi buscar-me à aldeia para ser sua empregada, logo a seguir a ter comprado o solar. Os pesadelos da filha começaram quando as duas vieram passar as primeiras férias aqui.

Peter arrancou um segundo tijolo, o espaço era suficiente para conseguir meter a cabeça no orifício. Do outro lado da parede, estava escuro como breu.

– Que género de pesadelos? – perguntou Clara.

– Ela gritava coisas horríveis durante o sono.

– Lembra-se do que ela dizia?

– Bem gostaria eu de o esquecer! Era incompreensível, repetia incessantemente: «Ele virá.» Os remédios que o médico lhe dava não a conseguiam acalmar e o desespero da senhora era enorme por ver a filha naquele estado. Quando não passava o dia a esquadrinhar todos os cantos do solar, ela sentava-se debaixo dos ramos do choupo. Eu tomava-a nos meus braços para a acalmar, e ela confiou-me que falava nos seus sonhos com um homem que conhecia desde sempre. Eu não compreendia nada, ela dizia que agora ele se chamava Jonas, que eles já se tinham amado antes. Ele não tardaria a vir buscá-la, pois já sabia como a encontrar. E depois houve aquela horrível semana, em que o seu desgosto a levou.

– Qual desgosto?

– Ela deixara de o ouvir, dizia que ele estava morto, que o tinham assassinado. A partir desse momento, recusou alimentar-se, as suas forças abandonaram-na muito rapidamente. Espalhámos as suas cinzas em redor do tronco da grande árvore. A senhora mandou construir a parede e fazer desaparecer a janela no telhado. Suplico-lhe, diga ao senhor Gwel para parar antes que seja demasiado tarde.

Peter estava no seu vigésimo golpe de maça e os braços doíam-lhe imenso. Conseguiu finalmente introduzir-se na abertura, passando para o outro lado da parede.

– Era meu pai, esse Jonas? – retomou Clara.

– Oh, não, menina, graças a Deus! A sua avó adoptou-a bem mais tarde.

Clara encostou-se ao parapeito da janela. Olhou o pátio em baixo e reteve a respiração. A tristeza que lhe subia aos olhos não lhe permitia voltar-se e encarar Dorothy.

– Está a mentir! Nunca fui adoptada – disse ela, engolindo um soluço.

– A sua avó era uma mulher bondosa! Visitava muitos orfanatos da região. Ela amou a menina assim que a viu, dizia que via a filha nos seus olhos, que ela reencarnara em si. Eram histórias que ela inventava para acalmar a dor, a senhora já não era a mesma depois do falecimento da filha. Proibia a menina de se aproximar do solar, e ela própria nunca lá entrava. Quando vinha de Londres pagar-me o meu salário e dar-me o dinheiro para a casa, devia esperá-la no portão. E, de cada vez que a via, eu chorava.

Peter tossia por causa da poeira. Esperou imóvel que os seus olhos se acostumassem à penumbra.

– Como se chamava a filha da minha avó?

Os olhos de Dorothy encheram-se por sua vez de lágrimas. Tomou nos seus braços a mulher de quem gostava tanto e murmurou ao seu ouvido com uma voz trémula:

– Como a menina, ela chamava-se Clara.

– Clara, tem de vir ver o que acabei de encontrar! – gritou Peter do outro lado da parede.

Jonathan entrou no salão do apartamento burguês.

– O que é que faz aqui? – perguntou friamente a senhora Walton.

– Acabo de chegar de Yale, e hoje sou eu que faço as perguntas – respondeu secamente Jonathan. – O que fazia Anna em sua casa?

A mulher de cabelos brancos olhou-o fixamente. Ele sentiu uma expressão de compaixão no seu olhar.

– Há tantas coisas que lhe escapam, meu pobre Jonathan.

– Mas por quem é que se toma? – disse ele, num tom zangado.

– Pela sua sogra! O que será verdade daqui a alguns dias.

Jonathan olhou-a em silêncio durante muito tempo, tentando adivinhar se havia alguma verdade no que ela dizia.

– Os pais de Anna morreram!

– Fazê-lo acreditar nisso fazia parte do nosso plano.

– Mas qual plano?

– O seu encontro com a minha filha, desde o dia da sua primeira exposição, que me custou uma fortuna a organizar, até ao vosso casamento. Tudo estava previsto, incluindo esta relação tão patética quanto inevitável com Clara, é assim que ela se chama de novo, não é verdade?

– Foi você que me mandou seguir na Europa?

– Eu ou alguns amigos, que importa, uma vez que o resultado está à vista! Os meus contactos foram-lhe bastante úteis no Louvre, ou não foram?

– Mas o que é que pretende? – gritou Jonathan.

– Vingar-me! Conseguir obter justiça para a minha filha – berrou Alice Walton.

Ela acendeu um cigarro. Mau grado a calma que aparentava de novo, a mão ornada com o diamante alisava nervosamente a manta que cobria o canapé onde se tinha sentado. Ela prosseguiu.

– Agora que os dados estão lançados e que a sua sorte está selada, deixe que lhe conte o fim da história de Sir Edward Langton, que foi meu marido.

– Seu marido? Mas Langton morreu há mais de um século!

– Os pesadelos não podiam revelar-lhe tudo – suspirou Alice. – Sir Edward tinha duas filhas. Era um homem generoso, demasiado generoso. Não contente em ter votado o seu talento e a sua fortuna de negociante ao seu pintor Radskin, tinha uma paixão pela sua filha mais velha. Nada era de mais para ela, e se soubesse como a mais nova sofria com a indiferença do pai! Mas os homens só dão ouvidos aos seus desejos, sem reflectir no mal que fazem. Como pôde fazer-nos isto?

– Fazer-vos o quê? Não percebo nada do que está a dizer!

– A sua filha mais velha, a preferida, apaixonara-se por um jovem e brilhante perito. Os dois apaixonados não se largavam, eram tudo um para o outro. Edward suportava com dificuldade o facto de a sua filha lhe escapar, tinha ciúmes, como sucede a muitos pais quando os filhos aspiram a voar com as suas próprias asas. Eu, quanto a mim, sonhava com essa partida. Esperava que Edward se desse finalmente conta da existência de Anna. Depois da morte de Vladimir, não nos restavam grandes esperanças de poder cumprir os nossos compromissos. Só a venda do seu último quadro podia salvar-nos da falência. A soma que contávamos conseguir com ele era considerável, e todas as outras telas que o meu marido não conseguira vender e que acumulara ao longo dos anos ter-se-iam valorizado. Seria absolutamente justo, depois de Edward ter sustentado Vladimir durante tanto tempo, proporcionando-lhe uma vida de uma opulência indecente, e isso à custa da nossa fortuna!

Clara introduziu-se por sua vez no buraco aberto por Peter. Atrás da parede, tudo revelava miséria. O mobiliário sumário compunha-se de uma escrivaninha alta, de uma cadeira desconjuntada e de uma pequena cama que se parecia com um catre de um hospital de guerra. Um velho recipiente de porcelana estava pousado sobre uma das três estantes. Ao fundo da divisão, um fio de luz tocava o chão mesmo aos pés de um cavalete. Peter penetrou na penumbra. Levantou a cabeça e viu as pranchas de madeira pregadas ao tecto. Pôs-se em bicos dos pés e arrancou-as uma a uma. Uma débil luz acinzentada iluminou o cavalete. Peter empurrou o postigo envidraçado e elevou-se fazendo força com os braços.

A sua cabeça cheia de pó surgiu no telhado inclinado. Olhou o parque que se estendia à sua volta e, quando viu o maior ramo do choupo que quase tocava a goteira um pouco mais abaixo, sorriu e voltou a descer.

– Clara, acho que acabámos de encontrar o verdadeiro quarto de Vladimir Radskin. Foi aqui mesmo que ele pintou *A Jovem de Vestido Vermelho.*

Alice Walton rodou o anel no dedo. O seu cigarro continuava a deitar fumo no cinzeiro, ela esmagou-o nervosamente e acendeu outro logo a seguir. A chama do fósforo iluminou tristemente o seu rosto. A dor e a cólera estavam gravadas em cada uma das suas rugas.

– Infelizmente, no dia do leilão, um perito mal-intencionado fez chegar uma carta ao leiloeiro na qual afirmava que o quadro era uma falsificação! A pessoa que denunciou a venda era nem mais nem menos do que o cúmplice desvairado de uma filha que se vingava do seu pai por este a ter proibido de casar. Conhece o que se passou a seguir, partimos para a América. O meu marido faleceu alguns meses depois da nossa chegada. Ter sido desonrado deu cabo dele.

Jonathan levantou-se e dirigiu-se para a grande janela envidraçada. Nada daquilo podia ser verdade. A memória do último pesadelo que partilhara com Clara obcecava-o. Virando as costas a Alice, abanava a cabeça em sinal de recusa.

– Não se arme em inocente, Jonathan! Também você foi apanhado pelos sonhos. Nunca lhes perdoei, a ambos. O ódio é um sentimento que pode manter durante muito tempo a força viva das nossas almas. Nunca deixei de o cultivar para poder reviver. Em cada época, soube encontrá-los e contrariar os vossos destinos. Como me diverti quando você era estudante em Yale! Estavam os dois tão perto do objectivo. Nessa vida, você fazia-se chamar Jonas, tinha ido estudar para Bóston e queria americanizar o seu nome, mas pouco importa, não pode lembrar-se de tudo isto. Estava quase a encontrar Clara, tinha visto nos seus sonhos que ela estava em Londres, mas consegui separá-los a tempo.

– Você é completamente louca!

Jonathan sentiu uma vontade irresistível de deixar aquele lugar que o asfixiava. Dirigiu-se para a porta. A mulher de cabelos brancos deteve-o brutalmente pelo braço.

– Os grandes inventores têm todos um ponto em comum, eles sabem desligar-se do mundo, para imaginar. Consegui fazer com que Coralie O'Malley ficasse louca, e quase o consegui com Clara no dia em que envenenei Jonas. Eu disse-lho quando falámos pela primeira vez em Miami. Amar, odiar, é criar a nossa vida em vez de a contemplar. O sentimento não morre sempre, Jonathan. Ele reuniu-vos de cada vez.

Jonathan olhou-a friamente, pegou-lhe na mão e tirou-a de cima do seu braço.

– O que é que pretende, senhora Walton?

– Esgotar as vossas almas e separá-lo de Clara para sempre. É por isso que tive primeiro de deixar que se encontrassem. Pouco falta para atingir o meu objectivo. Se não puderem viver este amor, esta vida será a última para os dois. As vossas almas já pouca força têm. Não conseguirão sobreviver a uma nova separação.

– Então é disso que se trata? – disse Jonathan levantando-se. – O seu objectivo é vingar-se de qualquer coisa que teria vivido há mais de um século? E admitindo que aceito a sua lógica, sacrifica uma das suas filhas a esse desejo não concretizado? E acha mesmo que não é louca?

Jonathan saiu do apartamento sem se voltar. Quando passou o vão da porta, Alice Walton berrou nas suas costas.

– Clara não era minha filha, só Anna o era! E quer queira quer não, é com ela que se casará daqui a alguns dias!

– O menos que se pode dizer é que Radskin não deve ter arruinado Sir Edward com despesas!

Peter tossiu. O ar do quarto era acre, ligeiramente impregnado de alho.

– Ele vivia neste cubículo? – perguntou Clara consternada.

– Eis ao menos uma coisa que me parece incontestável! – acrescentou Peter colocando um novo tijolo no chão.

Numa hora tinha conseguido fazer uma abertura suficientemente grande para que a luz das águas-furtadas iluminasse a pequena divisão. Peter apontou para as vigas do solar.

– O universo fechado de Vladimir parecia-se mais com uma cela de prisão do que com um quarto de hóspedes.

Peter, intrigado, olhava o chão, pois a cor da madeira diferia da do resto das águas-furtadas.

– Evidentemente, esta parte do soalho nunca foi refeita!

– Evidentemente! – disse Clara.

Peter continuou a examinar a divisão, baixou-se para ver o que havia debaixo da cama.

– Está à procura de quê? – perguntou Clara.

– Da sua paleta, dos seus pincéis, dos sacos dos pigmentos, de um indício.

– Não vejo nada nesta divisão, como se alguém tivesse querido eliminar qualquer vestígio de vida aqui.

Peter saltou para cima da cama e passou a mão nas estantes.

– Encontrei qualquer coisa! – exclamou.

Saltou para o chão e estendeu um pequeno caderno preto a Clara. Ela soprou a capa, fazendo uma nuvem de pó elevar-se no ar. Peter tirou-lho impacientemente das mãos.

– Vou abri-lo!

– Com cuidado! – disse Clara, interrompendo o seu gesto.

– Sou leiloeiro, e por mais estranho que isso lhe possa parecer estou habituado a manusear coisas antigas.

Desta vez, foi Clara que lhe tirou o caderno das mãos, virando com todo o cuidado a primeira página.

– O que é que está aí? – suplicou Peter.

– Não faço ideia, parece um diário, mas a escrita é em cirílico.

– Em russo?
– É a mesma coisa!
– Eu sei que é a mesma coisa – resmungou Peter.
– Espere – disse Clara –, há também toda uma série de símbolos químicos.
– Tem a certeza? – perguntou Peter num tom de voz que traía a sua excitação.
– Tenho! – respondeu Clara, irritada.

Sentado à sua secretária, François Hébrard terminava o seu dia relendo o relatório que Sylvie Leroy lhe entregara. Depois da visita de Jonathan, os investigadores do Louvre continuaram a tentar desvendar os mistérios do pigmento vermelho.
– Conseguiu ligar para o senhor Gardner? – perguntou o chefe do departamento.
– Não, o telemóvel dele está saturado de mensagens, já nem as recebe, e não responde aos *e-mails*.
– Quando deverá ocorrer esse leilão? – perguntou Hébrard.
– No dia 21, ou seja, daqui a quatro dias.
– Depois de todo o trabalho que isto nos deu, temos absolutamente de o pôr ao corrente. Faça o que achar melhor, mas encontre-o!
Sylvie Leroy saiu do escritório e regressou ao seu *atelier*. Ela conhecia uma pessoa que lhe poderia dizer como contactar Jonathan Gardner, mas também não tinha vontade nenhuma de lhe ligar. Pegou na sua mala de mão e apagou a luz da sua mesa de trabalho. Nos corredores cruzou-se com alguns colegas, mas estava tão contrariada que nem os ouviu despedirem-se. Passou pela guarita do posto de segurança e inseriu o seu cartão no leitor. A grande porta deslizou lateralmente. Sylvie Leroy subiu as escadas exteriores. O céu parecia cheio de labaredas e já se sentia o Verão no ar. Ela atravessou o pátio do Louvre, sentou-se num banco e saboreou a beleza da paisagem em seu redor.

A pirâmide de Pei reflectia os raios do sol que se punha exactamente por cima das arcadas da Galeria Richelieu. Olhou a longa fila de visitantes que esperavam na esplanada. Trabalhar naquele sítio repleto de magia era um sonho do qual nunca despertaria. Suspirou encolhendo os ombros e marcou um número no seu telemóvel.

Dorothy tinha servido o jantar na pequena mesa do terraço, cedo, pois eles tencionavam regressar a Londres de madrugada. A equipa da Delahaye Moving devia apresentar-se na galeria no início da manhã para preparar *A Jovem de Vestido Vermelho* para a viagem que ia efectuar. Clara e Peter seriam conduzidos num camião blindado e com escolta policial ao aeroporto de Heathrow. Os cinco quadros de Vladimir viajariam nos porões do 747 da British Airways que os levaria até Bóston. No aeroporto de Logan, teriam à espera outro camião blindado. Peter tencionava passar as páginas do caderno de Vladimir no *scanner* e enviá-las depois por correio electrónico a um colega de nacionalidade russa para que as traduzisse o mais rapidamente possível. Serviu uma chávena de café a Clara. Ambos tinham o espírito ausente e poucas palavras trocaram depois do jantar.

– Falou com ele hoje? – perguntou Clara, quebrando o silêncio.

– São sete horas da manhã em Bóston, Jonathan deve estar agora a levantar-se. Telefonarei daqui a pouco, prometo.

O telemóvel de Peter vibrou sobre a mesa.

– Acredita em transmissão de pensamento? – disse Peter num tom alegre. – Tenho a certeza de que é ele!

– Peter, fala Sylvie Leroy, podemos falar?

Peter pediu desculpa a Clara e afastou-se. A encarregada de missão do Centro de Investigação e Restauro dos Museus de França começou imediatamente a fazer um relatório pormenorizado a Peter.

– Conseguimos decompor parcialmente o pigmento. A sua base são cochonilhas das pereiras. Não pensámos nisso porque normalmente é um corante tão belo quanto fugaz, e continuamos a não compreender o que fez o vosso pintor para conseguir evitar a degradação da tinta com o passar do tempo. Mas as bases de dados são formais neste ponto. Pensamos que o mistério deste quadro reside no verniz que Radskin aplicou. Não o conhecemos, mas as suas propriedades parecem ser verdadeiramente notáveis. Se queres a minha opinião, actua como um filtro, como um filme que é transparente em certas áreas e opaco noutras. Descobrimos algumas sombras muito ténues nas radiografias da tela, mas que são demasiado finas para serem correcções, embora nem todos no laboratório estejam de acordo sobre este último ponto. Agora segura-te bem, porque descobrimos duas coisas verdadeiramente importantes. Radskin utilizou igualmente vermelho de Andrinopla, uma fórmula que data da Idade Média. Para se obter uma cor viva e estável, misturavam-se gorduras, urina e sangue de animais.

– Achas que ele degolou um cão? – interrompeu Peter. – Evitarei precisar esse pormenor no leilão, se não vires inconveniente nisso!

– Farias mal, pois Vladimir não fez mal a ninguém. Penso que Radskin fabricou o seu pigmento com os meios de que dispunha, e os resultados da análise do ADN são formais, encontrámos sangue humano no seu pigmento.

Embora sob o efeito do choque, Peter pensou de repente que aquilo permitiria finalmente autentificar o quadro, pois, se o pintor tivesse utilizado o seu próprio sangue, bastava comparar as análises de ADN. Mas a sua excitação passageira desvaneceu-se rapidamente, uma vez que o corpo de Vladimir se transformara em pó, já não existia matéria que permitisse uma comparação.

– Qual foi a outra descoberta importante? – perguntou Peter, com um ar preocupado.

– Algo de estranho, a presença de Réalgar, um corante inútil e que Vladimir nunca teria querido utilizar.

– Porquê? – perguntou Peter, perplexo.

– Porque o seu vermelho é dominado pelos outros, e porque contém doses extremamente tóxicas de sulfureto de arsénico.

Peter lembrou-se do cheiro a alho que sentira ao introduzir a cabeça na abertura da parede, um cheiro que é característico desse veneno.

– O Réalgar é da mesma família do veneno para ratos, se uma pessoa o inala é porque se quer suicidar.

– Podes enviar uma cópia desse relatório para o meu escritório de Bóston?

– Prometo fazê-lo quando chegar a casa, mas também tens de me prometer uma coisa.

– Tudo o que quiseres!

– Que nunca mais me voltarás a ligar!

E Sylvie Leroy desligou-lhe o telefone na cara.

A lua surgiu sobre a linha desenhada pelos cumes das colinas.

– Esta noite ela estará cheia – disse Peter levantando os olhos ao céu.

Clara tinha um ar tão triste que ele lhe pousou a mão no ombro.

– Encontraremos uma solução, Clara.

– Acho que devíamos parar com tudo – disse ela com um ar pensativo. – Talvez eu vá parar à prisão, onde ficarei o tempo que for necessário, e depois voltarei a encontrá-lo.

– Ama-o assim tanto? – perguntou Peter.

– Temo que ainda mais – acrescentou ela levantando-se.

Clara pediu desculpa por se sentir tão deprimida. Ele acompanhou-a até à porta da cozinha e regressou à mesa para aproveitar a doçura da noite. Em breve seria meia-noite no meridiano de Greenwich, a luz apagou-se na janela de Clara, e Peter subiu ao seu quarto para fazer a mala. Deu meia-volta nas escadas e dirigiu-se para o pequeno escritório. Uns instantes depois, subiu às águas-furtadas, sentou-se na velha cadeira e pousou delicadamente *A Jovem de Vestido Vermelho* no cavalete de Vladimir Radskin.

– Ora aí estás tu no teu lugar – murmurou Peter na solidão da noite.

– É um belo presente para Vladimir, hoje é o dia de aniversário da sua morte – soprou Clara nas suas costas.

– Não a ouvi chegar – disse Peter sem se voltar.

– Eu sabia que estaria aqui.

A lua subia no céu e os seus reflexos entraram pela lucarna do tecto. Subitamente, todos os relevos se revestiram de um véu de cor branca prateada. A luz bateu no quadro e o verniz sobre a tela absorveu-a. Pouco a pouco, diante dos olhos esbugalhados de Peter e de Clara, um rosto apareceu debaixo da longa cabeleira de *A Jovem de Vestido Vermelho*. A lua redonda continuou a sua lenta ascensão e quanto mais se elevava, mais os seus raios iluminavam o quadro. À meia-noite, quando atingiu o zénite, a assinatura de Vladimir Radskin desenhou-se num dos ângulos do quadro. Peter saltou da cadeira e abraçou Clara.

– Olhe! – disse Clara, apontando o quadro.

A figura precisava-se pouco a pouco, os olhos primeiro, depois o nariz, as maçãs do rosto e, por fim, a boca, extremamente delicada. Peter susteve a respiração, olhou alternadamente Clara e *A Jovem de Vestido Vermelho*: os seus traços eram perfeitamente idênticos. Cento e cinquenta anos atrás, Vladimir terminara a obra mais bela da sua vida, e morrera de madrugada, sentado sobre aquela cadeira. A lua começava a declinar e assim que a luz deixou de incidir sobre o verniz, o rosto e a assinatura do pintor desapareceram de novo da tela. Clara e Peter separaram-se depois de terem permanecido grande parte da noite no quarto do pintor, em frente do quadro. Voltaram a encontrar-se assim que surgiram as primeiras luzes da manhã. Depois de terem metido as suas bagagens e o quadro na mala do carro, Peter tentou desesperadamente ligar para Jonathan.

– Não há nada a fazer! Está a dormir.

– Tentaremos em Londres, e depois no aeroporto.

– Ligo-lhe do *cockpit*, se for necessário – acrescentou Peter.

Chegaram à galeria às 9 horas. Antes de fazer subir a grade de ferro, Clara olhou por um breve instante a vidraça do café que brilhava ao sol. Um pouco mais tarde, os transportadores fecharam a tampa da caixa que continha *A Jovem de Vestido Vermelho*.

Ao meio-dia, o camião da Delahaye deixou Albermarle Street escoltado por um carro de polícia não identificado. Clara ia no assento da frente do camião e Peter junto do quadro, na cabina das mercadorias.

– Os telemóveis não funcionam aqui dentro – disse o transportador a Peter, que tentava desesperadamente utilizar o seu. – As paredes são blindadas e à prova de fogo.

– Acha que no próximo sinal vermelho poderei descer dois minutos? Preciso mesmo de ligar a uma pessoa.

– Não penso que tal seja possível, senhor – respondeu sorrindo o chefe da equipa.

A caravana imobilizou-se na pista, junto do 747. Peter assinou cinco recibos de recepção. Aqueles documentos faziam dele, até ao leilão, o tutor legal das últimas obras de Vladimir Radskin. A partir desse momento assumia a plena responsabilidade por aqueles quadros. Ele e Clara dirigiram-se para a escada de socorro da passadeira encostada à fuselagem do aparelho. Peter levantou a cabeça e olhou para a sala de embarque onde os passageiros do voo esperavam.

– É ainda melhor do que viajar com crianças de colo!

– Telefonaremos a Jonathan quando chegarmos a Bóston – disse Clara.

– Não, telefonar-lhe-emos lá de cima – respondeu Peter, apontando o céu.

E subiu as escadas.

Jonathan quase não dormira. Quando saiu do duche ouviu Anna a subir as escadas do seu *atelier*. Vestiu um roupão e desceu à cozinha. A campainha do telefone começou a tocar. Pegou no auscultador e reconheceu imediatamente a voz de Peter.

– Mas onde é que estás? – perguntou Jonathan. – Ando à tua procura há dois dias!

– O mundo está verdadeiramente de pernas para o ar! Estou a dez mil metros acima do Atlântico.

– Já estás a caminho da tua ilha deserta?

– Ainda não, meu caro, explicar-te-ei tudo mais tarde, tenho uma óptima notícia para ti, mas antes passo-te uma pessoa.

Peter estendeu o telefone a Clara. Ao ouvir a sua voz, Jonathan apertou o auscultador contra a orelha.

– Jonathan, temos a prova! Contar-te-ei todos os pormenores quando chegarmos, quase que não dá para acreditar! Chegaremos a Logan às 17 horas.

– Irei esperar-vos ao aeroporto – disse Jonathan, cuja fadiga se desvaneceu de repente.

– Gostaria de te ver imediatamente, mas à chegada teremos de acompanhar a segurança e os quadros até à sala dos cofres da Christie's. Reservei um quarto no Four Seasons, encontramo-nos no hotel, esperarei por ti no *hall* às 20 horas.

– E eu prometo-te que te levarei a passear ao cais do velho porto. À noite, a vista é magnífica, vais ver.

Clara virou a cabeça para a janela.

– Senti muito a tua falta, Jonathan.

Ela devolveu o auscultador a Peter. Este despediu-se do seu amigo e colocou o auscultador no aparelho debaixo do assento.

Jonathan colocou o seu no telefone da parede da cozinha e Anna fez o mesmo no *atelier*. Ela pegou no seu telemóvel e aproximou-se da janela, enquanto marcava um número de Cambridge. Passado um quarto de hora, saiu de casa.

A hospedeira distribuiu na cabine os formulários da emigração.

– Não quer que Jonathan venha ter connosco ao camião? – perguntou Peter.

– Estava na disposição de esperar dez anos, vou tentar resistir só o tempo necessário para passar pelo meu quarto. Já olhou para a minha cara?

Graças à escolta policial, bastaram vinte minutos para chegarem à cidade. Assim que o último quadro foi metido nos cofres, Clara saltou para dentro de um táxi e dirigiu-se ao seu hotel. Peter apanhou outro para ir a casa deixar a mala e recuperar o seu velho *Jaguar*. A seu pedido, Jenkins tinha mandado o motorista da residência buscá-lo ao aeroporto.

No caminho, ligou para o correspondente ao qual tinha confiado a tradução do caderno de Vladimir. Este havia passado toda a noite e todo o dia a traduzir o manuscrito e acabara de enviar pelo correio electrónico a primeira parte do texto. Para o resto do documento, que apenas continha fórmulas químicas, seria necessário apelar a outro tipo de intérprete. Peter agradeceu-lhe sinceramente. O táxi chegou à residência. Peter atravessou o *hall* a correr e meteu-se no elevador, sem qualquer preocupação em esconder do olhar do porteiro a sua impaciência. Assim que entrou no seu apartamento, ligou o computador e imprimiu o documento.

Peter voltou a descer passados dez minutos, depois de tomar um duche à pressa e de vestir uma camisa lavada. Jenkins, que o esperava no átrio, abriu o seu grande guarda--chuva com a sigla da residência e protegeu Peter da chuva fina que caía sobre a cidade.

– Mandei que trouxessem o seu carro – declarou Jenkins, fixando o horizonte fechado.

– Um tempo horrível, não é verdade? – disse Peter.

Os grandes faróis redondos do *Jaguar XK 140* descapotável irromperam da boca do parque de estacionamento. Peter avançou na direcção do seu carro, deteve-se a meio caminho, deu meia-volta e foi abraçar Jenkins.

– Olhe lá, Jenkins, é casado?

– Não senhor Gwel, sou solteiro, infelizmente – respondeu o porteiro.

Enquanto conduzia, ligou para Jonathan, aproximou-se do microfone preso à pala e berrou:

– Sei perfeitamente que estás aí! Não imaginas como a tua filtragem me irrita. Seja o que for que estiveres a fazer, tens dez minutos, estou a chegar!

O descapotável parou junto ao passeio, Jonathan saltou para dentro dele e Peter arrancou imediatamente.

– Quero que me contes tudo – disse Jonathan.

Peter contou-lhe a sua incrível descoberta dessa noite. Vladimir aplicara um verniz cujos efeitos apenas podiam ser anulados pelo espectro de uma luz particular projectada verticalmente à tela. Reproduzir as condições exactas nas quais o fenómeno se observava seria complexo, mas com a ajuda de computadores acabariam por consegui-lo.

– O rosto parecia-se realmente com o de Clara? – perguntou Jonathan.

– Àquele nível de precisão, acredita em mim, é bem mais perturbador do que uma simples parecença!

E quando Jonathan se mostrou preocupado quanto à possibilidade real de Peter poder um dia partilhar com ele aquilo que tivera o privilégio de ver nessa noite, o seu amigo tranquilizou-o. Os químicos certamente que acabariam por descodificar as fórmulas do pintor e, mesmo que isso levasse algum tempo, a tela reencontraria um dia o seu aspecto original.

– Achas que era isso o que ele pretendia? Radskin teria certamente uma razão para esconder a sua assinatura.

– Uma óptima razão – afirmou Peter. – Olha, tens aí a transcrição do seu diário, vais ver como é apaixonante.

Peter tirou-nos documentos do banco de trás e estendeu-os ao seu amigo. O intérprete juntara à sua tradução as fotocópias das folhas originais. Jonathan passou um dedo sobre a escrita manuscrita de Vladimir e começou a ler.

Clara,

A nossa vida não tem sido fácil depois da morte da tua mãe. Recordo-me da nossa fuga, quando atravessámos os dois a pé as planícies da Rússia. Levava-te aos ombros, e bastava sentir as tuas mãozitas agarradas aos meus cabelos para ter a certeza de que não desistiria. Pensava salvar-nos indo para Inglaterra, mas a miséria esperava-nos pacientemente em Londres. Quando desenhava os transeuntes na rua, deixava-te à guarda de amas que ficavam com as raras moedas que conseguia ganhar a vender alguns esboços. Pensei realmente que Sir Edward seria o nosso salvador. Poderás algum dia perdoar-me essa ingenuidade que nos separou um do outro pouco tempo depois de chegarmos aqui? Tratando-te como se fosses sua filha, ele ganhava e simultaneamente traía a minha confiança. Tinhas apenas três anos quando ele nos separou. Levo comigo o perfume de infância desse último beijo que deste na minha testa há tanto tempo. Caí doente e, aproveitando a minha fraqueza, Langton fez com que me metessem neste cubículo onde te escrevo. Faz agora seis anos que não saio desta cela, seis anos durante os quais não te pude abraçar, ou ver a luz que brilha nos teus olhos. Tens neles a vida que habitava a tua mãe com tanta força.

Em troca das pinturas que eu faço para ele, Langton toma conta de ti, alimenta-te e educa-te. O cocheiro vem visitar-me muitas vezes e dá-me notícias tuas.

Sucede por vezes rirmos juntos, ele conta-me as tuas diabruras e diz-me que és bem mais desembaraçada do que a própria filha de Langton. Nos dias em que brincas no pátio, ele ajuda-me a aproximar-me da janela das águas-furtadas. Daqui ouço a tua voz, e paciência se os meus ossos me torturam de dores, pois a minha única liberdade reduz-se agora a ver-te crescer. A sombra desse velho que vês sob o telhado e que te mete tanto medo é a do teu velho pai. Quando o cocheiro me deixa, vai de ombros caídos, carre-

gando aos ombros o fardo do seu silêncio e da sua vergonha. As cores da coragem abandonaram-no quando o seu cavalo morreu. Pintei um quadro para ele, mas Langton confiscou-o.

Clara, já não tenho mais forças. O meu amigo cocheiro contou-me uma conversa que ouviu. O jogo conduziu Langton a grandes dificuldades financeiras e a sua esposa fez-lhe ver que, depois da minha morte, as minhas telas se valorizariam e os salvariam da ruína. Há já algumas noites que as minhas entranhas me fazem sofrer terrivelmente e temo que ele tenha cedido à tentação do pior. Minha pequena, se tu não existisses, se os teus risos lá fora não fossem as minhas mais belas parcelas de vida, confessar-te-ia que acolheria a morte como uma libertação. Mas não posso partir com o espírito em paz sem me assegurar de te ter deixado à minha maneira uma recordação única.

É a minha última pintura, a minha obra-prima, pois és tu, minha filha, que estou a pintar. Tens apenas nove anos, mas os teus traços são já hoje iguais aos da tua mãe. Para que Langton não possa roubar-te este quadro, escondi o teu rosto e a minha assinatura, graças a um verniz cuja fórmula apenas eu conheço.

Como vês, todos aqueles anos em São Petersburgo, em que me aborrecia tanto nas aulas de química, acabaram por me ser úteis. No dia em que fizeres dezasseis anos, o cocheiro jurou-me que te entregará este caderno que hoje lhe confio. Ele conduzir-te-á até alguns amigos russos que o traduzirão para ti. Bastará que mandes executar a fórmula que transcrevi nestas páginas para ficares a saber como retirar o verniz que apliquei. Revelando a tela e com a ajuda deste caderno, poderás provar que este quadro te pertence. É a minha única herança, minha querida filha, mas é a de um pai que, tão perto e ao mesmo tempo tão longe de ti, nunca deixou de te amar. Diz-se que o sentimento sincero nunca morre, e eu continuarei a amar-te muito tempo depois de ter morrido.

Teria gostado muito de te ver crescer, de te ver tornares-te uma mulher. Se eu tivesse direito a uma única esperança, a minha única ambição de pai seria a de que a vida te permitisse concretizar plenamente os teus sonhos. Realiza-os, Clara, nunca tenhas medo de amar. Eu, quanto a mim, amo-te como amei a tua mãe e a amarei até ao último instante da minha vida.

Este quadro é teu, minha Clara, minha filha.

Vladimir Radskin, 18 de Junho de 1867.

Jonathan dobrou as folhas. Não conseguiu dizer uma única palavra ao seu amigo.

Clara saiu do banho e enrolou-se numa toalha. Olhou-se no espelho por cima dos lavatórios e fez uma careta. A sua mala estava aberta sobre a cama e as suas coisas espalhadas até ao canapé. Tudo o que se parecia de perto ou de longe com um vestido balançava-se em cabides suspensos no abajur do candeeiro de pé, na cabeça do dispositivo anti-incêndios e em todas as maçanetas do armário. Perto da janela, junto do grande sofá, encontrava-se mais um monte de roupa. Os *jeans* tinham ainda todas as hipóteses, desde que a camisa de homem que experimentava fosse suficientemente grande para lhe cobrir as ancas.

Ela deixou o quarto desarrumado. Fechou a porta e pendurou na maçaneta o letreiro a dizer «Não incomodar». A porta do elevador abriu-se no *hall*, Clara olhou para o seu relógio, faltavam dez minutos para as oito. Teve vontade de ir beber qualquer coisa enquanto esperava por Jonathan. Um copo de vinho decerto a acalmaria. Entrou no bar do hotel e instalou-se ao balcão.

O velho *Jaguar* rodava na direcção do centro da cidade. Quando chegaram ao pé do hotel de Clara, Jonathan virou--se para Peter.

– Ela leu este documento?

– Não, ainda não, a tradução chegou a minha casa mesmo antes de eu sair para te ir buscar.

– Peter, preciso de te pedir uma coisa.

– Eu sei Jonathan, vamos retirar o quadro do leilão...

Jonathan pousou a sua mão cúmplice no ombro do seu melhor amigo. Quando desceu do carro, Peter abriu a janela e gritou-lhe:

– Mas não deixarás de me ir visitar à minha ilha deserta?

Jonathan fez-lhe um sinal com a mão.

11

Quando Jonathan entrou no Four Seasons, o seu coração batia aceleradamente. Procurou Clara e dirigiu-se à recepção. O porteiro ligou para o seu quarto, mas ninguém respondeu. Uma multidão amontoou-se à entrada do bar. Jonathan supôs que a transmissão de um jogo de basebol devia atrair mais pessoas do que as que cabiam lá dentro. Uns instantes depois, ouviu uma sirene nas suas costas. Uma ambulância aproximava-se. Jonathan avançou na direcção da multidão e abriu caminho. Clara estava estendida no chão, inerte, junto ao balcão. O *barman* agitava um guardanapo junto do seu rosto.

– Não sei o que é que ela tem! – repetia ele em pânico.

Clara bebera um copo de vinho e alguns minutos depois tinha desmaiado. Jonathan ajoelhou-se e pegou na sua mão. A longa cabeleira espalhava-se em redor do seu rosto. Tinha os olhos fechados, a pele muito pálida e um fio de sangue a escorrer da boca. O vinho que derramara do copo partido misturava-se com o sangue de Clara, desenhando no chão de mármore um riacho carmim.

Os enfermeiros das urgências chegaram diante das portas do hotel carregando uma maca. Uma mulher de cabelos brancos, que saía de trás de uma coluna, deixou-os passar, civilmente.

Jonathan acompanhou Clara na ambulância. Os faróis giratórios desta reflectiam-se nas montras das ruas estreitas. O motorista esperava chegar ao hospital em apenas dez minutos. Clara continuava desmaiada.

– Isto deve ser uma quebra de tensão – disse um dos enfermeiros.

Jonathan debruçou-se sobre ela.

– Suplico-te, não me faças isso – murmurou ele apertando-a nos braços.

O médico afastou-o para colocar uma perfusão no braço de Clara. A solução salina penetrou na veia e subiu até ao coração, fazendo-o acelerar. O nível do medidor de tensão subiu alguns graus. Satisfeito, o médico pousou sobre o ombro de Jonathan uma mão que se queria tranquilizadora. Nesse momento, ele ignorava que o líquido arrastava na sua esteira milhares de moléculas estranhas, que não tardariam a atacar as células do corpo que tinham acabado de invadir. Jonathan acariciava o rosto de Clara; quando o seu dedo passou na sua bochecha, pareceu-lhe que ela lhe sorrira. Assim que o veículo parou no pátio das urgências, os enfermeiros colocaram Clara numa cama com rodas e precipitaram-se para o corredor. Os néons que desfilavam por cima da sua cabeça faziam tremer as suas pálpebras fechadas. Jonathan não lhe largou a mão até à sala dos exames. Peter, a quem ele pedira ajuda, acorrera imediatamente, e estava agora sentado num dos bancos vazios que ladeavam o grande corredor onde Jonathan andava de um lado para o outro.

– Não te inquietes dessa forma – disse Peter –, vais ver que se trata apenas de uma pequena indisposição. A fadiga da viagem, as emoções destes últimos dias, a de te reencontrar. Devias tê-la visto quando chegámos ao aeroporto. Se não a tivesse impedido, teria ela própria aberto a porta da cabina, ainda com o avião a andar! Ah, estás a ver, sorriste de novo! Devias conviver mais comigo, só eu consigo fazer-te relaxar. Pensei que ela ia arrancar o passaporte das mãos do funcionário quando ele lhe perguntou quanto tempo duraria a sua estadia.

Mas Jonathan, que não parava de andar de um lado para o outro, adivinhava a inquietação do seu amigo no excesso de palavras. Duas horas mais tarde, um médico foi ter com eles.

O professor Alfred Moore, que Peter mandara chamar, não compreendia o caso que lhe era submetido. Os relatórios dos exames desafiavam toda e qualquer lógica. O organismo de Clara começara de repente a fabricar um verdadeiro exército de anticorpos que atacavam as células do seu próprio sangue. A velocidade a que os glóbulos brancos destruíam os vermelhos era impressionante. Àquele ritmo, as paredes do seu sistema sanguíneo não tardariam a ceder.

– Quanto tempo temos para salvá-la? – perguntou Jonathan.

Moore estava pessimista. Algumas hemorragias subcutâneas já tinham feito a sua aparição, e os órgãos internos começariam em breve a sangrar. No dia seguinte, no máximo, as veias e as artérias começariam a rasgar-se uma a uma.

– Mas não há nenhum tratamento para isso? Há sempre um tratamento! Estamos no século XXI, por amor de Deus, a medicina deixou de ser impotente! – exclamou Peter, num tom exaltado.

Moore olhou-o, com um ar desolado.

– Venha ver-nos de novo daqui a dois ou três séculos, nessa altura terá certamente razão. Senhor Gwel, para podermos tratar esta jovem, teríamos de conhecer a origem do seu mal. A única coisa que posso fazer por enquanto é enchê-la de coagulantes e tentar retardar o seu fim, mas, infelizmente, não mais do que vinte e quatro horas.

Moore desculpou-se sinceramente e rodou nos calcanhares. Jonathan foi atrás dele e deteve-o no corredor. Perguntou-lhe se haveria uma possibilidade, mesmo ínfima, de Clara ter sido envenenada.

– Suspeita de alguém? – perguntou Moore, circunspecto.

– Responda à minha pergunta – insistiu Jonathan.

– A procura de toxinas não deu resultados. Mas posso aprofundá-la, se tiver boas razões para acreditar nessa hipótese.

O professor Moore estava dubitativo. Explicou a Jonathan que tal veneno, se o havia, alterava os glóbulos brancos de Clara, que passavam a considerar as plaquetas e os glóbulos vermelhos do seu próprio sangue como corpos estranhos.

– E de facto, nesse caso, as defesas naturais do seu organismo iniciariam o processo de autodestruição ao qual assistimos – conclui ele.

– Mas isso é tecnicamente possível?

– Digamos que não é totalmente impossível, tratar-se-ia então de uma toxina fabricada à medida. Para a produzir, seria necessário conhecer a fórmula sanguínea precisa da vítima.

– E não é possível lavar ou mudar o seu sangue? – perguntou Jonathan num tom de súplica.

O professor Moore sorriu tristemente.

– Teríamos de dispor de uma quantidade enorme...

Jonathan interrompeu-o e propôs-lhe imediatamente dar o seu, acrescentando que era A positivo.

– Ela é résus negativo e de outro grupo, se um dos dois fizesse uma transfusão do seu sangue para o outro matá-lo-ia imediatamente.

Moore acrescentou que lamentava muitíssimo, mas aquilo que Jonathan propunha era irrealizável. Prometeu contactar o laboratório de serologia a fim de aprofundar a procura de uma eventual toxina.

– Para ser totalmente franco – acrescentou Moore –, seria a nossa única esperança, alguns venenos têm um antídoto.

Sem ousar dizê-lo, o médico esperava o pior, até porque pouco tempo lhes restava. Jonathan agradeceu-lhe e foi ter com Peter a correr. Suplicou-lhe que não lhe fizesse nenhuma pergunta e que ficasse permanentemente junto de Clara. Estaria de regresso dali a algumas horas. Se o estado dela se agravasse sensivelmente, Peter ligaria para o seu telemóvel.

Jonathan atravessou a ponte e passou todos os sinais vermelhos em Camden Avenue. Abandonou o seu carro junto ao passeio e precipitou-se para o n.º 27. Um homem estava a sair do edifício com o seu cão. Jonathan aproveitou a circunstância para se introduzir no *hall* e subir no elevador. Tamborilou à porta do fundo do corredor. Quando Alice a abriu, agarrou-a pela garganta e empurrou-a até ao fundo da sala. A mulher de cabelos brancos caiu sobre uma mesinha, arrastando Jonathan na sua queda. Por mais que lutasse para se libertar, não conseguia resistir ao aperto de Jonathan, que a asfixiava com as duas mãos. Tentou inspirar, mas em vão, e um véu vermelho obscureceu-lhe o campo de visão. Sentindo que ia desmaiar, teve apenas força para murmurar que dispunha de um antídoto. As mãos em volta do seu pescoço distenderam-se e o ar entrou nos seus pulmões.

– Onde? – berrou Jonathan, sem a soltar.

– Não tenho medo nenhum da morte, sabe perfeitamente porquê, e por isso, se quiser salvar a sua Clara, terá de mudar de atitude.

Jonathan viu no seu olhar que daquela vez ela não estava a mentir. Libertou-a.

– Esperava-o, mas não tão cedo – disse ela levantando-se.

– Porque é que fez isto?

– Porque sou teimosa! – disse Alice esfregando os cotovelos. – Clara tem de pagar por aquilo que fez.

– Você mentiu, Clara não era a filha mais velha de Sir Langton.

– É verdade. O que a torna ainda mais culpada aos meus olhos. Depois da morte do seu pai, o meu marido adoptou-a oficialmente. Ele amava-a como a uma filha, era seu benfeitor e, ao roubar aquele quadro, ela traiu-o.

– Langton assassinou Vladimir! – gritou Jonathan.

– Não, isso não foi ele – disse Alice Walton num tom satisfeito. – O meu marido não passava de um pobre jogador crivado de dívidas, alguém tinha de corrigir as suas fraquezas e salvar-nos da falência. A iniciativa foi minha, ele nunca o soube.

– Mas Clara sim, ela encontrou o diário de Vladimir. Ela não traiu o seu marido, nem sequer se vingou, limitou-se a cumprir a derradeira vontade do seu pai. Nós impedimo-la a si de vender o quadro que lhe tinha roubado.

– É a sua versão dos factos, mas entretanto sou eu que tenho o antídoto.

Alice tirou do bolso da blusa do seu *tailleur* um pequeno frasco que continha um líquido ligeiramente ambarino. Mostrou-o a Jonathan e disse-lhe que os médicos não conseguiriam detectar o mínimo vestígio do veneno que ela deitara no copo de Clara, nem antes nem depois da sua morte. Só havia uma maneira de a salvar, e para isso Jonathan teria de seguir fielmente as suas instruções. O casamento com a sua filha reuniria no dia seguinte toda a alta sociedade de Bóston. Estava fora de questão elas sofrerem a afronta de um cancelamento no último minuto. Ele e Clara tinham desonrado o seu marido, ela não suportaria que fizessem o mesmo à sua filha. Ao meio-dia, Jonathan casaria com Anna. Depois da cerimónia, ela iria ver Clara e dar-lhe-ia o antídoto.

– E por que razão hei-de acreditar em si? – perguntou Jonathan.

– Porque o tempo que lhe resta não lhe deixa outra alternativa! Agora vá-se embora de minha casa. Encontramo-nos amanhã na igreja.

O quarto do hospital estava banhado numa luz leitosa. Peter estava sentado numa cadeira junto da cama. Uma enfermeira entrou para recolher uma nova amostra. Retirou o tubo da perfusão e fez sucederem-se seis pequenos tubos de vidro na parte superior da agulha espetada no braço de Clara. Um após outro, os pequenos tubos encheram-se de um líquido cada vez mais fluido e menos vermelho. Assim que os enchia, a enfermeira fechava-os e agitava-os energicamente, colocando-os depois num pequeno receptáculo previsto para esse efeito. Quando o último ficou cheio, ela voltou a colocar o tubo da perfusão na agulha, retirou as luvas e foi deitá-las no recipiente reservado para os resíduos médicos. Enquanto ela estava de costas voltadas, Peter pegou num dos tubos e meteu-o no fundo do bolso.

Depois da partida atribulada de Jonathan, Anna saiu do quarto de arrumações onde se tinha escondido. Estava sentada no sofá e olhava fixamente a sua mãe.

– Para que serve tudo isto agora? Ele divorciar-se-á imediatamente.

– Minha pobre filha – respondeu Alice. – Há tantas coisas que ainda tenho de te ensinar! Amanhã ele casará contigo, e para Deus não há divórcios. Ao pronunciar o seu voto ao mesmo tempo que Clara está a morrer, ele quebrará o juramento que os liga aos dois. Desta vez, a separação deles será definitiva.

Alice retirou a rolha do frasco do antídoto e derramou o seu conteúdo na palma da mão, esfregando a nuca com ele.

– É o meu perfume! – disse ela com uma voz satisfeita. – Menti-lhe!

Anna levantou-se, pegou no seu saco sem dizer uma palavra e dirigiu-se para a entrada. Olhou a mãe com um ar pensativo e fechou a porta.

– E também me mentiste a mim – disse Anna, triste, ao sair do edifício.

Jonathan entrou no quarto e Peter deixou-os sozinhos. Ele sentou-se na cama e pousou os lábios na testa de Clara.

– Vês? Beijo-te e continuamos no presente – murmurou ele com um nó na garganta.

Os olhos de Clara entreabriram-se e com um sorriso pálido conseguiu pronunciar algumas palavras.

– Sabes, já não me restam muitas forças.

Os seus dedos apertaram a mão de Jonathan e prosseguiu com uma voz fraca.

– Nem sequer pudemos dar aquele passeio no cais do velho porto...

– Prometo-te que te levarei lá.

– Tenho de te contar o fim da nossa história, meu amor, já o conheço, sonhei com isso esta noite.

– Suplico-te, Clara, poupa as tuas forças.

– Sabes o que fizemos quando Langton fugiu do solar? Fizemos amor; até ao fim das nossas duas vidas, nunca cessámos de fazer amor.

Ela fechou os olhos e o seu rosto cobriu-se com a dor que a levava.

– Ao adoptar-me, Langton fez de mim a sua herdeira. Graças a muito trabalho, conseguimos pagar as suas dívidas e conservar o solar. Como nos amámos aí, Jonathan, e até ao último dia! Quando morreste, deitei-te ao pé da grande árvore. Escondi o quadro nas águas-furtadas e estendi-me contra ti, até a vida me deixar por sua vez. E durante essa única noite sem ti, jurei que continuaria a amar-te mesmo depois da minha morte, e que haveria de te encontrar onde quer que estivesses. Como vês, cumpri o meu juramento, e tu também.

Sufocado pelo desgosto, ele rodeou Clara com os braços e deitou a cabeça no seu ombro.

– Não digas mais nada, peço-te, descansa, meu amor.

– Se soubesses como te amo, Jonathan. Sem ti não valia a pena viver um minuto sequer. Escuta-me, creio que não me resta muito tempo. Estas últimas semanas foram as mais belas da minha vida, nada do que vivi se podia comparar com a felicidade que me deste. Mas agora tens de me prometer que também serás feliz. Quero que vivas, Jonathan. Não renuncies à felicidade. Os teus olhos mostram a tua infinita capacidade de te maravilhares. Reencontrar-nos-emos um dia, de novo, talvez...

Os olhos de Jonathan encheram-se de lágrimas. Num derradeiro esforço, Clara levantou a mão para acariciar o seu rosto.

– Abraça-me com um bocadinho mais de força, querido Jonathan, tenho frio.

Foram as últimas palavras que disse. Os olhos de Clara fecharam-se docemente e o seu rosto distendeu-se pouco a pouco. O seu coração batia ao de leve. Jonathan ficou ao seu lado durante toda a noite. Apertava-a contra si e embalava-a com ternura. Até a sua respiração se submetia aos movimentos de Clara. O alvorecer anunciava-se e o estado dela não cessara de piorar com o passar das horas. Jonathan deu-lhe um longo beijo na boca e depois levantou-se. Antes de deixar o quarto, virou-se e murmurou.

– Não te deixarei partir, Clara.

Quando a porta se fechou, o sangue que abandonava a pele de Clara tingiu o lençol que a cobria com um pigmento vermelho. Os seus longos cabelos enquadravam o seu rosto calmo. A luz do dia que entrou pela janela acabou de compor no quarto o quadro *A Jovem de Vestido Vermelho*.

Ao chegar ao fundo do corredor, Peter pegou em Jonathan pelo braço e arrastou-o até ao distribuidor de bebidas quentes. Inseriu uma moeda na ranhura e carregou no botão do café curto.

– Vais precisar disto e eu também – disse ele estendendo o copo de papel a Jonathan.

– Tenho a impressão de estar a viver um pesadelo acordado – disse Jonathan.

– Espero que me vejas dentro dele, porque eu também – suspirou Peter. – Telefonei ao meu amigo dos assuntos criminais. Enviar-lhe-ei pelo Federal Express a amostra de sangue que roubei à enfermeira. Ele vai entregá-la aos melhores técnicos da polícia, juro-te que a apanharemos, a essa desgraçada.

– O que é que disseste exactamente a esse teu amigo polícia? – perguntou Jonathan.

– Toda a história, até lhe prometi que lhe enviaria as nossas notas e uma cópia do caderno de Vladimir.

– E ele não te quis mandar para o manicómio?

– Não te preocupes, Pilguez é um especialista em casos bizarros. Há alguns anos, contou-me uma das suas investigações em S. Francisco, ao lado da qual o nosso caso parece pura rotina.

Jonathan encolheu os ombros e dirigiu-se para a saída. Peter chamou-o.

– Daqui a pouco estarei ao teu lado, não o esqueças, e mesmo que a vossa história me faça passar por louco, quando tivermos salvo Clara, também testemunharei.

Todos os bancos da igreja Saint Stephen estavam ocupados. A alta sociedade bostoniana parecia ter marcado encontro dos dois lados da nave central. Dois carros de polícia bloqueavam os acessos a Clark Street enquanto durasse a cerimónia. Peter colocara-se, com uma expressão sombria, à direita de Jonathan. Os órgãos soaram e a assembleia silenciosa voltou-se. Anna arrastava a longa cauda do seu vestido pela nave, pelo braço da sua mãe, que seria a sua testemunha. A cerimónia do casamento começou às 11 horas. Ao sentar-se à esquerda da filha, Alice dirigiu um sorriso a Peter. Estava radiante.

O professor Moore entrou no quarto de Clara. Aproximou-se da cama e pousou a mão na sua testa. A febre continuava a aumentar. Sentou-se na borda da cama e suspirou. Pegou num lenço de papel da mesa-de-cabeceira e limpou o fio de sangue que escorria de uma narina. Levantou-se e ajustou o débito do líquido da perfusão. Saiu do quarto com os ombros vergados, fechando docemente a porta atrás de si. Clara abriu os olhos, soltou um gemido e voltou a adormecer imediatamente.

A cerimónia durava há meia hora e o padre preparava-se para fazer pronunciar aos noivos os seus votos. Inclinou-se na direcção de Anna e sorriu-lhe com benevolência. Mas ela não olhou para ele. Com os olhos cheios de lágrimas, fixava o rosto da mãe.

– Perdoa-me – murmurou ela.

Virou o rosto para Jonathan e pegou na sua mão.

– Já não podes fazer nada por ela, Jonathan, mas podes fazer algo pelos dois!

– O que é que estás a dizer?

– Compreendeste muito bem, vai-te embora daqui antes que seja demasiado tarde. Tu já não a podes salvar, mas ainda a podes encontrar, anda, vai-te embora.

O grito de cólera que Alice Walton soltou quando Peter e Jonathan se lançaram a correr pela nave central ecoou por toda a igreja. O padre ficou de braços caídos, e toda a sala se levantou quando eles transpuseram as grandes portas. No pátio deserto, Peter dirigiu-se ao polícia encostado ao seu veículo.

– Estou ao serviço do comissário Pilguez, do departamento criminal de S. Francisco, em missão secreta. Poderá verificar tudo isto enquanto conduz, trata-se de uma questão de vida ou de morte, leve-nos imediatamente ao Boston Memorial Hospital.

Os dois amigos não disseram uma única palavra durante a viagem. A sirene deixava a estrada livre para a passagem do carro. Jonathan apoiara a cabeça contra o vidro e olhava as gruas do velho porto desfilarem ao longe. Peter pôs-lhe o braço por cima dos ombros e apertou-o contra ele.

Quando chegaram diante do quarto de Clara, Jonathan virou-se para o seu melhor amigo e olhou-o longamente.

– Prometes-me uma coisa, Peter?

– O que quiseres!

– Por mais tempo que demore, tens de fazer justiça a Vladimir. Jura-me que, aconteça o que acontecer, irás até ao fim. É o que Clara teria desejado.

– Juro-te, fá-lo-emos juntos, não desistirei.

– Terás de o fazer sozinho, meu caro, eu já não o poderei fazer.

Jonathan abriu suavemente a porta do quarto. Na penumbra, Clara respirava debilmente.

– Queres deixar Bóston? – perguntou Peter.

– De certo modo, sim.

– Onde pensas ir?

Jonathan agarrou no seu amigo pelo braço.

– Sabes, também eu fiz uma promessa. Vou levar Clara a passear nos cais do velho porto... *a próxima vez.*

Depois entrou no quarto e fechou a porta. Peter ouviu o barulho da chave a rodar na fechadura.

– Jonathan, o que é que estás a fazer? – perguntou ele, inquieto.

Tamborilou na madeira da porta, mas o amigo não lhe respondeu.

Jonathan sentou-se na cama ao lado de Clara. Despiu o casaco e subiu a manga da camisa. Retirou a agulha da perfusão e espetou-a no seu próprio braço, unindo os seus dois corpos. Quando se deitou ao lado dela, o sangue de Clara corria já lentamente nas suas veias. Ele acariciou o seu rosto pálido e aproximou a boca da sua orelha.

– Amo-te, sem poder parar de te amar, sem saber como nem porquê. Amo-te assim, porque não conheço outra maneira de o fazer. Onde tu não existires, eu também não existo.

Jonathan pousou os seus lábios sobre a boca de Clara e, pela última vez na sua vida, tudo começou a girar à sua volta.

O Outono iniciara-se há pouco. Peter caminhava sozinho sobre o empedrado do mercado ao ar livre. O seu telemóvel tocou.

– Sou eu – disse a voz do outro lado. – Acho que a apanhámos. Tinha-te prometido os melhores especialistas do país e não faltei à minha palavra: identificámos a toxina. Temos também o testemunho do *barman*, que reconheceu formalmente a senhora Walton. E guardo o melhor para o fim: a filha aceitou testemunhar. A velha nunca mais sairá da prisão. Pensas vir a S. Francisco um destes dias? Natalia gostaria muito de te ver – acrescentou Pilguez.

– Prometido, antes do Natal.

– O que pensas fazer com os quadros?

– Vou também cumprir uma promessa.

– Não posso no entanto deixar de te dizer uma coisa, mas juro-te que não o direi a mais ninguém. Como me pediste, mandei comparar a amostra do teu dossiê com a da jovem que foi envenenada.

Peter parou de andar e reteve a respiração.

– Os resultados laboratoriais indicam que as duas amostras são de filiação directa. Por outras palavras, o sangue que está na tela é do seu pai. Por isso, estás a ver: com as datas que me deste, isso não é possível!

Peter desligou o telemóvel. Os seus olhos encheram-se de lágrimas, levantou os olhos para o céu e gritou, a soluçar de alegria:

– Fazes-me tanta falta, querido Jonathan, fazem-me os dois tanta falta!

Pôs as mãos nos bolsos e recomeçou a andar. Enquanto caminhava ao longo dos cais, sorria.

Quando Peter regressou à residência, cruzou-se com Jenkins que o esperava debaixo do alpendre, com duas malas aos pés.

– Como vai, Jenkins? – perguntou Peter.

– Nunca lhe poderei agradecer devidamente esta estadia que me oferece. Toda a minha vida sonhei com a possibilidade de conhecer Londres. Nunca ninguém me deu tão belo presente!

– E guardou bem o endereço e o número de telefone que lhe dei?

Jenkins acenou afirmativamente.

– Então boa viagem, meu caro Jenkins.

E Peter entrou a sorrir na residência Stapledon, enquanto Jenkins lhe fazia um sinal com a mão ao subir para o táxi que o conduziria ao aeroporto.

12

São Petersburgo, muitos anos depois...

O dia estava a chegar ao fim e dali a alguns minutos o museu do Ermitage fecharia as suas portas. Os visitantes que se encontravam na sala «Vladimir Radskin» dirigiam-se para a saída. Um guarda fez um sinal discreto a um seu colega. Os dois homens de uniforme aproximaram-se discretamente de um casal jovem que deixava a sala. Quando pensaram que a situação o permitia, enquadraram o jovem e a rapariga e pediram-lhes que os acompanhassem. Perante a insistência cortês dos agentes da autoridade, os dois turistas, que não compreendiam o que pretendiam deles, aceitaram segui-los. Ladeados pelos guardas, percorreram um longo corredor e entraram por uma porta meio escondida. Depois de terem descido umas escadas de serviço, não sem sentir alguma inquietação à medida que penetravam nas profundezas do edifício, fizeram-nos entrar num grande escritório. Foram convidados a sentarem-se à volta da mesa de reuniões. Alguém viria dali a pouco para falar com eles. Um homem de cerca de cinquenta anos, vestido com um fato cinzento e com um ar formal, entrou e sentou-se diante deles. Pousou um dossiê na mesa, que abriu e consultou várias vezes, olhando de vez em quando o jovem casal.

– Devo dizer que é absolutamente extraordinário – disse por fim, num inglês com um ligeiro sotaque.

– Posso saber o que deseja de nós? – perguntou o jovem.

– É a terceira vez esta semana que vêm contemplar os quadros de Vladimir Radskin, não é verdade?

– Gostamos muito deste pintor – respondeu a mulher.

Youri Egorov apresentou-se. Era o conservador-chefe do Ermitage e felicitava-se por os acolher aos dois no seu museu.

– O quadro diante da qual estiveram hoje durante muito tempo tem o título de *A Jovem de Vestido Vermelho*. Esta tela readquiriu o seu estado original graças ao profundo trabalho de restauro que foi mandado fazer por um leiloeiro americano. Foi ele que doou ao museu os cinco quadros que aqui estão expostos. Trata-se de uma colecção de um valor inestimável, e provavelmente nunca a poderíamos ter adquirido na sua totalidade. Mas foi graças a esse generoso benemérito que este grande pintor russo regressou depois de muitos anos ao seu país natal. Em troca dessa doação feita ao nosso país, o museu do Ermitage comprometeu-se com esse benemérito a cumprir uma promessa um pouco especial. Como o meu predecessor se reformou há já alguns anos, é a mim que compete agora cumprir essa missão.

– Qual missão? – perguntou o casal em coro.

O conservador tossiu antes de prosseguir.

– O senhor Peter Gwel fez-nos prometer que, se um dia se apresentasse diante da tela uma mulher cujo rosto se parecesse de uma forma perturbante ao *d'A Jovem de Vestido Vermelho*, teríamos o dever de entregar ao homem que a acompanhasse uma carta escrita por ele. Nós observámo-la cuidadosamente, cara senhora, e penso que chegou o momento de cumprir a nossa promessa.

O conservador abriu o dossiê e estendeu o envelope ao jovem casal. O jovem abriu-o. Enquanto lia a carta, levantou-se e pôs-se a andar de um lado para o outro.

Quando terminou a leitura, dobrou a folha e colocou-a em silêncio num dos bolsos do seu casaco.

Pôs em seguida as mãos atrás das costas, franziu os olhos e sorriu... e a partir desse dia, nunca mais deixou de sorrir...

Agradecimentos

Nathalie André, Stéphanie Bataille, Kamel Berkane, Antoine Caro, François Curiel, Marie Drucker, Julie Dupage, Guillaume Gallienne, Sylvie Gendron, Philippe Guez, Étienne Hellman, Katrin, Asha, Mark & Kerry, Marie Le Fort, Sophie Lefèvre, Raymond e Danièle Levy, Jean-Pierre Mohen, Pauline Normand, Marie-Ève Provost, Robert e Laure Zaigue.

O French Bookshop de Londres.

A equipa da editora Robert Laffont.

O Centre de Recherche et de Restauration des Musées de France,

Christie's

e

Susanna Lea e Antoine Audouard.

Outros Títulos nesta Colecção

A Bússola Interior
Álex Rovira Celma

As Cinco Pessoas Que Encontramos no Céu
Mitch Albom

A Próxima Vez
Marc Levy

A Saga de Um Pensador
Augusto Cury

Amar de Olhos Abertos
Jorge Bucay

Cartas para Cláudia
Jorge Bucay

Contos para Pensar
Jorge Bucay

Deixa-me Que Te Conte
Jorge Bucay

E Se Fosse Verdade...
Marc Levy

O Gato Que Encontrou Deus
Robert Fisher e Beth Kelly

O Mocho Que Não Conseguia Piar
Robert Fisher e Beth Kelly

O Monge Que Vendeu o Seu Ferrari
Robin Sharma

O Santo, o Surfista e a Executiva
Robin Sharma

Sete Dias para a Eternidade
Marc Levy

Editora
Pergaminho, Lda.

Rua da Alegria, n.º 486 – A • Amoreira
2645-167 CASCAIS • Portugal
Tel. (+351) 21 464 61 10 a 19 • Fax (+351) 21 467 40 08
e-mail pergaminho.mail@netcabo.pt

Distribuição e Vendas:
Pergaminho Distribuidora de Livros e Audiovisuais, Lda.
Tel. (+351) 21 465 88 30 a 39 • Fax (+351) 21 467 40 00
e-mail pergaminhodistr@netcabo.pt

N.º de referência desta obra no nosso catálogo:
175.732

Este livro foi publicado graças à colaboração de:
Equipa de editoração Pergaminho (revisão),
Rogério O. Moura (produção gráfica) e *Gráfica 99* (paginação)

Este livro foi impresso pela:
Tipografia Peres – Amadora

Dep. Legal n.º 233 297/05